本研究获得清华大学自主科研计划课题“清华文创资源研究暨清华文创地图设计”（2016THZWYY15）的支持

本书入选清华大学110周年校庆出版物计划

清华大学文化创意发展研究院
Institute for Culture Creativity, Tsinghua University

清华文创书系

文创时代的我

清华文创人物访谈录

胡钰　万宁宁◎著

WENCHUANG SHIDAI DE WO

QINGHUA WENCHUANGRENWU FANTANLU

新华出版社

图书在版编目（CIP）数据

文创时代的我：清华文创人物访谈录 / 胡钰，万宁宁著.
-- 北京：新华出版社，2020.10
ISBN 978-7-5166-5438-5

Ⅰ. ①文… Ⅱ. ①胡… ②万… Ⅲ. ①文化产业－企业家－访问记－北京－现代 Ⅳ. ①K825.38

中国版本图书馆CIP数据核字(2020)第201782号

文创时代的我：清华文创人物访谈录

作　　者： 胡　钰　万宁宁

责任编辑： 曾　曦　　**封面设计：** 刘宝龙

出版发行： 新华出版社
地　　址： 北京石景山区京原路8号　　**邮　　编：** 100040
网　　址： http://www.xinhuanet.com/publish
经　　销： 新华书店、新华出版社天猫旗舰店、京东旗舰店及各大网店
购书热线： 010－63077122　　**中国新闻书店购书热线：** 010－63072012

照　　排： 六合方圆
印　　刷： 三河市君旺印务有限公司

成品尺寸： 170mm×240mm
印　　张： 14.5　　**字　　数：** 170千字
版　　次： 2020年10月第一版　　**印　　次：** 2020年11月第二次印刷

书　　号： ISBN 978-7-5166-5438-5
定　　价： 68.00元

目 录

CONTENTS

文创人物

作者视点

摄影手记

文化的生活意义

——为《文创时代的我》所写的序

文化除了我们所理解的学术上的意义之外，还有着生活的意义。我们可以说，学术的文化意义源于生活中的文化意义，是文化的生活意义的提炼和概括。

对大学而言，第一，我们要继续做好学术意义上的文化研究，整理人类文明的发展脉络，提炼我们自身民族的文化之魂；第二，我们需要通过生活的实践，从容地理解和学习文化的生活意义，继续不断地从经验中抽象出文化的特征和内涵；第三，我们能够将文化的学术内容与文化的生活内容结合起来，通过与时俱进的方式和手段，使之再次回归生活，化成生活中的文化，怡养大众。

一方水土养一方人，还孕育了与水土相一致的一方文化，文化因此具有了民族和地域的特征，也使得生活有了文化的意义。即使在同一地域和同一族群，文化在不同的发展阶段也有不同，因而还具有了时代的特征。

我们这里所提到的文创，正是有着鲜明的时代特征。当我们的生活已经跨过温饱，文化成为当下人们对美好生活的强烈需求时，文化的生活意义就格外突出出来。我们看到，文创正不断运用各种最新的思想创意和技术手段，将文化转变为生活，不仅使文化变得更生动，并且极大地丰富了文化的生活意义。

本书的内容所展示出的，正是上述三个方面工作的一部分成果，其中第三个方面的工作更突出，因而我们更深刻地感受到了文化的生活意义。本书中访谈的人物，既有专门从事文创领域研究的教授，又有从事文创产业的校友，他们都积累了丰富的经验，从不同的角度畅谈己见，且文图交融，相信各位读过之后，如同置身于一次热烈的文创讨论会现场，当然也会从中获益。

在某种程度上，文创，正是以与时俱进的创造性的新途径和新手段，从不同的层面，不同的视角，揭示出文化于生活的深刻意义，并因此成为我们可以跟随去实践的生活内容。我们发现，这种创造性，以及途径和手段本身，包括技术，最终也会成为文化的内容，成为生活的一部分。

我想，这正是文创的目标，也应是文化的生活意义。

史宗恺
2020 年 6 月，于强斋

文创人物

柳斌杰：人文价值是中华文化的闪光点

柳斌杰，清华大学新闻与传播学院院长、清华大学文化创意发展研究院院长、第十二届全国人大教科文卫委员会主任委员，曾任新闻出版总署署长。

- 辩证看待世界文明与中华文化的关系
- 树立正确的文化观，避免“低级红”“高级黑”
- 文化发展需要合力，不能“说起来重要，干起来不要”

在 2019 清华文创论坛上，柳斌杰以“发展文化创意，建设时代文明”为题的主旨演讲博得满堂喝彩。茶歇之时，现场嘉宾纷纷跑上台去，与他探讨文创话题，并在背景板前合影留念。尽管已是古稀之年，但他依然精神矍铄，谦和儒雅地与嘉宾们互动交流，微笑着和大家握手并一一拍照。

在文化领域，柳斌杰是一位德高望重的标志性人物。不仅是因为他极具含金量的履历，更是因为他的深知灼见——从中国传统文化的内涵到现代文化产业的发展，再从世界文化的多样性到中华文化的闪光点，他都了然于胸。

在对世界文明特征进行深入研究与思考之后，他得出一个结论：“中华文化的特色在于人文价值。”

辩证看待世界文明与中华文化的关系

“人类在发展过程中，不断丰富自己的精神生活，并逐渐形成一种稳定的形态，即我们所说的思想文化和精神文化。在思想文化和精神文化的引领下，文化产品和文化消费得以产生。”在柳斌杰看来，由于人们生活的地域不同、年代不同，形成的文化性格也有所不同，由此造就了世界文化的多样性特征。

当然，多样性文化的发展并非散乱的、无序的，而是统一于主体文化的引导之下。柳斌杰认为，世界几大主要流派主导了世界文化的多样性，认识世界不同文化流派的内涵，需要从古代与现代两个不同的视角来理解。

一方面，在古代文化和宗教文化的影响下，世界四大文明逐渐转

載
「文创
时代
的我」

为不同流派的文化，比如埃及文明在地中海地区形成希腊文化，成为基督教文化的主体；两河流域文明转而成为了伊斯兰文化的流派，还有古印度文明与中国文明中与佛教文化密切相关的部分，都体现了世界主要文明的演变特征。

另一方面，现代社会将文化简单地划分为东方文化与西方文化，这种二元对立的观点在一定程度上遮蔽了人类文化的丰富内涵。从人类文明的发展历程来看，文化流派是多元的、多样的、多点的，各具特色、各放异彩，不同文化的和谐发展使得人类文化丰富多彩。

在清晰地阐述了世界文明的特征后，柳斌杰将中华文化定位为“世界多元文化中的一种”。他从历史的角度论证了中华文化的“聚合”特点：中华文化是由多民族融合发展形成的文化，在中国历史上，春秋战国的百家争鸣现象促成了多元思想文化的产生，对中华文化形成具有广泛影响，构建了中华文化的价值核心；在此基础上，而后不同时代的发展都为中华文化不断注入了新鲜的时代内涵，而且中国的少数民族和历史上所有曾经在中华土地上生活过的民族国家都对中华文化的形成具有很大贡献，如匈奴、女贞、金文化、西夏文明等。“中华文化具有强大的融合与聚合能力，是中华子孙的精神支柱，也包含了人类文明共有的价值追求。”柳斌杰如是说。

他认为，人文价值是中华文化最突出的特征。“研究发现，中华文化与现代人类一脉相通，因为人文关怀是中华文化中贯穿始终的精神内涵。”柳斌杰解释说，西方文化的构建以神为出发点，但中国文化则是从人出发、以人为根本。从黄帝问道广成子的神话故事中不难了解到，人的生命始终是中华文化中的永恒问题，追求健康与长寿一直都是人们美好的祝福与希冀。他进一步指出，从哲学的高度来看，这种对于生命的关注恰恰说明了中华文化的原点在于人。

“关照现实世界中的人，正是中华文化的伟大之处。”马克思主义哲学的根本目标就是实现人的解放与自由而全面的发展，中华文化以人为核心的人文价值与马克思主义相通，与建设社会主义、构建人类命运共同体相通。

此外，柳斌杰认为，中华文化中的世界观、育人观、治国观也是人类智慧的闪光点。

古代先哲对于世界的解释中包含了先进的思想理念。“无，名天地之始”，老子将世界归为本无，认为整个宇宙原本是混沌未见的，由气体组成，聚而成形，散而为气。这是两千多年前的哲学观点，与现在的科学解释却是一致的，如今越来越多的科学发现都证明，世界正是由气聚合而来的。

中国文化对于君子的论述中提供了办学育人的依据。在中华文化

体系中，修身养性齐家治国平天下的思想强调人的自我提升能力，主张通过后天的教育，实现“从小人变为君子”“从无知变为有知”“从无能变为有能”的发展，甚至成为时代英雄，为人类进步作出贡献。这也体现出，教育事业的宗旨就是为了培养更多的君子和仁人志士，而这一点在西方文化中是欠缺的。

思想家们对于治国的探讨中体现了天下大同的精神。在漫长的中华文明历史中，历朝历代都没有停止对治国理邦的探讨，提出了包括以德治国、以礼治国、以法治国等多种观点的一整套思想论述。由此可见，中华文化很早就开始探索国家的管理模式，并提出了“天下大同”“协和万邦”等理念，直到今天仍旧对于现代世界的发展具有很强的指导和借鉴意义。

柳斌杰坦陈，尽管中国古代优秀的思想文化是人类文明中的亮点，但是并没有得到世界的广泛认可，直到今天依然如此。他进一步解释说，

由于长时间的闭关锁国以及西方工业社会的压制，中国思想文化丧失了走向世界的时机，没有广泛地传播开来，很多国家将其视为一种落后的、腐朽的文化，但是中国文化所包含的真理性能够为世界提供不可或缺的精神要素，需要借助于现代科学技术与现代传播平台进行传播，让越来越多的人认识到，中国文化是人类文明的重要思想源泉。

“实际上，我们的文化现在仍然不是国际社会中的主流，拥有的话语权不高。但我相信，随着中国实力的增强与文化产业的发展，中国文化会逐渐成为世界文化中的主流。”柳斌杰的脸上一直带着温良的笑意，眼神中也多了几分坚定。

树立正确的文化观，避免“低级红”“高级黑”

“对待人类历史文化遗产，需要树立正确的文化观。”柳斌杰认为，“文化具有时代性，在不同历史阶段有不同的时代特征。将其放置于历史长河之中，曾经是先进有用的文化，经过一段时间可能会变成落后腐朽的文化，这是必然存在的。这就要求我们，需要挖掘传统文化中优秀的、有价值的内容，并借助于新兴技术进行传播。”

他指出，发扬传统文化应该秉持“扬弃”的理念，并与现代社会接轨，如果不加甄别地传播传统文化，极易导致“滥文化”的产生。近几年，文化创意产业的发展过程中出现了许多问题，诸如效仿二十四孝、开办残害妇女的儒学讲习班、私塾里不让学科学知识等，封建迷信、腐朽文化的兴起，都会对青少年的价值观带来严重的负面影响，甚至会残害生命。

同时，还要具备人类文明的意识，在挖掘传统文化、红色文化中的文明因素时，不仅要考虑发展中国特色社会主义文化的要求，更要选择具有广泛国际社会共识的先进文化。“如果只是一味地追求‘特殊性’，而将人类社会所不齿的东西传播出来，就是大错特错。”柳斌杰说。

为防止此类现象的发生，柳斌杰认为，根本要以中国特色社会主义思想为指导，选取有助于实现中华民族伟大振兴的文化进行传播，弘扬主旋律、传播正能量；同时，文化建设要能够为经济建设、社会建设、生态文明建设提供精神支持，并创造新的价值。“文化就像是阳光和空气一样，浸润于人们的生活之中。”柳斌杰强调，只有营造出干净、健康的文化空间，才能够有利于青少年的健康成长。此外，传播中华文化还要兼具群众性与国际化视角，既要从现实生活出发，选取人民群众喜闻乐见的、能够丰富精神生活、陶冶文化情操的健康内容，也要寻找世界文明的共通性，借鉴其他文化的优秀之处，不能封闭起来搞文化，真正传达出中国文化所蕴含的中国精神、中国气质与中国风格。

柳斌杰指出，发展文化创意产业要坚决抵御“低级红”和“高级黑”现象。“诸葛亮原本是智慧的化身，但是却有人把他描述为愚蠢的、偏狭的、专权的形象；董存瑞舍身炸碉堡的英雄事迹也被演绎成许多不同的版本。”他列举了近几年网络上出现的颠覆历史的案例，严厉地指出此类现象就是打着学术研究和文化创意的名义抹黑历史，给人们造成了思想上的混乱。在他看来，“高级黑”带有文化、学术的色彩，而“低级红”则主要是低俗的网红文化，特别是网络上比比皆是的直播和打赏现象。

“这些根本不叫创意，就是低俗文化。”柳斌杰认为，要解决“低级红”和“高级黑”的问题，就要牢牢把住文化的底线，守好文化的本真，真正体现出中国的文化精神、文化价值、文化品格。“这就像是我们常说的‘文化人’这个词语一样，什么样的人才算是文化人？他的思想、知识、修养、品德等等都是需要衡量的要素，营造清朗的文化空间应当是全方位的，不仅要增强专业能力，还要提升文化修养，更要塑造正确的价值观。”柳斌杰还强调了符合传播规范的重要性，尤其是面向大众传播的信息都要符合相关法律法规，国家也需要通过出台相关法律与政策的方式来完善相关管理，让整个文化空间变得更加健康。

文化发展需要合力，不能“说起来重要，干起来不要”

“只有文化，才能让整个民族凝聚起强大的力量，别的东西代替不了。”柳斌杰认为，文化是振奋民族精神、鉴定理想信念的重要支柱，需要将其放置于社会发展的重要位置上，万万不可像过去一样“说起来重要，干起来不要”。

文化发展的重要意义体现于推动经济增长、促进科技创新、拓展文化空间等，同时，发展中华文化也离不开经济力量、科技力量与生活力量的支持。

从经济的角度来看，经济结构调整、供给侧改革、转型升级等政策都深度渗透文化发展。近十年来，文化产业的发展在国家经济增长中扮演了重要的角色，特别是以互联网为中心、以数字化为支撑的创意文化在新经济中占有绝对的比重，而且人民群众的消费投入也越来越多地集中在文化创意方面。在温饱问题已不是问题的今天，精神需求亟待解决，这就需要层出不穷、丰富多样的文化创意产品。

同时，文化和科技的深度融合不断推动科技创新，互联网传播数字化技术平台的建设以文化发展为基础，离开了文化内容，网络平台只是一个空壳，没什么实际价值。如今，5G 技术的发展在提高清晰度、加快传播速度、实现万物互联等方面实现了更多可能性，既为文化内容的传播提供了更加多元的渠道，也对新文化内容的创造提出了需求。

不论文化如何发展，归根结底都离不开人们的现实生活。互联网的实质就是文化空间的延伸，依托于生物仿真、虚拟现实等技术的发展，丰富的文化内容让人们的文化生活空间逐渐扩大，对于提升文化品位、加速文化创新起着重要推动作用。

“大学是一个国家进行文化创造的重要基地，对于激发文化活力、提升文化品质至关重要。”柳斌杰认为，学校需要通过多学科融合的方式，培养有技术、有文化情怀、有创造力的高素质人才，不断提升文化创造力，为未来营造更加美好的文化空间，并对文化的生产、创造和传播提供技术支撑与基础能力建设方面的支持。同时，学校还可以从经济角度切入，讲授文化产业政策和文化管理的相关课程，针对如何加强政策引导、加强规范管理等现实需求培养专业人才，为文化建设提供巨大的能量。

柳斌杰觉得，在文化创意产业快速发展的今天，学校不仅能够加强人文学科建设，还能够支持文化创意研究和产业对接、和资本对接，充分带动文化建设与相关行业的发展，共同推动整个社会的协调发展。正如他所说：“在推动文化发展的过程中，学校可以大有作为。”

柳斌杰在清华主楼接受采访

崔世平：立足澳门，弘扬中华文化

崔世平，2002 年在清华大学建筑学院取得城市规划博士学位。

于 1981 年获得华盛顿大学土木工程学士学位，1983 年获得加州大学伯克利分校土木工程硕士学位，随后在美国加州旧金山市工作超过 7 年。现为澳门特区全国人大代表团副团长、立法会议员，澳门科学技术协进会理事长，澳门中华文化交流协会理事长，清华大学澳门校友会会长，清华校友总会文创专委会副会长。

◆ 从学习城市规划到弘扬华夏文化

◆ 发挥澳门优势，推动文化传播

◆ 以文创，促交流谋发展

今年是澳门回归20周年，为了纪念这个特殊的日子，澳门中华文化交流协会举办了“澳门新八景”全球评选及文创产品设计比赛等系列活动。经过全球票选及专家命名委员会的多轮讨论，澳门的八处特色景点被冠以情景兼备的新名字，分别为西山望洋、双湖塔影、亭前葡风、龙爪观涛、路环渔韵、爱巷倾情、福隆新貌、桥牵三地。

作为澳门中华文化交流协会的理事长，崔世平在回顾这项历时长达一年的活动时表示，“澳门新八景”的全球票选过程就是对澳门回归20年来城市文化、人文景观的一次呈现，也是讲好澳门故事的一次实践。

从学习城市规划到弘扬华夏文化

先后在华盛顿大学获得土木工程学士学位、加州大学伯克利分校获得土木工程硕士学位后，崔世平于2002年获清华大学建筑学院城市规划博士学位。不论是在学习专业课程，还是接触行业案例的过程中，他越来越理解到“平衡”和“取舍”的重要性。

“土木工程和城市规划专业都是一种综合性的系统工作，从前期筹划、正式动工到后期运作，每一步都需要取得多方的共识，每一个阶段性成果都是集各方智慧之大成。”在他看来，一项建筑工程或城市规划项目，不仅会对设计和施工团队带来重要影响，更会深入地影响生活在其中的居民，以及整个城市风貌，甚至会对之后几代人都会有潜移默化的影响。

因此，进行建筑设计或城市规划时要学会平衡与取舍——平衡各方利益，取舍各项要素。

基于这样的思考，他越来越认同这样的观念："面对一项规划方案，我们不能做出完全肯定或完全否定的评价，因为凡事均有正负两面，每一种可能发生的结果和带来的影响都不能忽略，都要仅慎处理。"在他看来，全世界的资源是有限的，做好平衡与取舍至关重要。因此，工作中的他希望能交出一份尽量平衡多方利益的发展蓝图，比如考虑到社会发展的要素，需要在有限的土地上更多地建造房屋还是更多地发展产业。以往在城市规划方面的工作经验，让他深刻意识到顶层设计的重要性，每一项规划都要有全局的思考和全面的考量，这些经验在他进行公司管理、策划、团队组建及公司文化建立的过程中都起到了很大的作用。而这种认知不仅映射出崔世平对于专业的思考，也在很大程度上影响了他的处事态度。

专业之外，崔世平在文化领域也颇有建树。

"我的父亲崔德祺先生除了涉足建筑和商业领域，也深谙中国传统书画艺术，具有很高的文化修养。"据他回忆，他小时候经常在家里看见父亲和朋友讨论艺术，耳濡目染之下，他一直都对中华文化有所关注，也因缘际会地认识了许多澳门文化界、教育界的朋友，时长交流文化传承的话题。

为了更好地弘扬中华文化，2005 年，崔世平和一群热心于推广中华文化、推动两岸关系发展的人士共同组建了澳门中华文化交流协会。他们希望以文化为纽带，发挥澳门在两岸间的桥梁作用，推动两岸关系稳步发展，加强两岸四地的交流互动，并促进世界各地华人的团结，增进彼此在社会、文化、经济、教育、科技等领域的了解和沟通。当然，他们还有一个更加宏伟的目标，那就是"促进中华民族的融和，增强中华民族的凝聚力，为弘扬华夏文化作出贡献"。

发挥澳门优势，推动文化传播

在这一目标的引领下，澳门中华文化交流协会结合重要历史时间节点，举办了丰富多样的文化活动。

2009年，在澳门回归十周年之际，他们成功举办了“澳门之歌”的征集及评选活动，由不同的专业团队制作了三首极具特色的“澳门之歌”系列歌曲，分别为《澳门之歌》、《盛世莲花》和《一个神奇的地方》。这一歌集成为澳门回归十周年的纪念礼品，并赠予来澳庆典的国家领导人。

2011年，适逢辛亥革命一百周年，他们联合台湾中华港澳之友协会与中山市对外文化交流协会，共同举办“百年功业 千秋中华——纪念辛亥革命一百周年系列活动”。通过在澳门、中山、武汉等地举办中山先生革命足迹寻、中山思想研究专题讲座等，引导民众缅怀中山先生的革命意志，了解辛亥革命的历程，为振兴中华而明志。

2019年，是澳门回归二十周年。他们举办了“澳门新八景”全球票选活动作为献礼，汇聚社会力量和智慧，共同选出能代表澳门特区新面貌、新里程的“澳门新八景”，来传播澳门发展和进步的故事。“这次活动不仅体现了澳门的人文风情、自然风光和特色建筑，也是澳门特区二十年来社会繁荣发展的另一种演绎，还是把中西文化共融的城市之美向全球推介的一个盛会。”崔世平如是说。

此外，澳门中华文化协会还通过组织研讨会、座谈会、闭门交流会、公开论坛、摄影巡回展、汉字互动展等活动，为澳台文化交流提供了多元化平台。

为了更深入地理解中华传统文化，崔世平还一直十分关注内地的乡村文化建设，曾多次到浙江进行考察和调研。他认为，中国乡村是文化宝地——乡村生活中保留了浓厚的传统文化习俗，从文化弘扬的角度来看，需要不断注入新活力，通过融入创新思维，将传统风俗、人文风情与教育、文化、商业及旅游等元素相结合，才能赋予传统文化更多价值及可持续能力，真正实现文化传承。

在他看来，澳门具有独一无二的地理优势。从历史上看，中华传统文化与西方近代文化在澳门交汇、交流、碰撞、融合、创新，形成独特的澳门文化；澳门回归以来，一直在两岸交流沟通中发挥重要桥梁作用，特别是在增进两岸互信、构建两岸关系和平发展框架过程中扮演着重要的角色。

其中，中华文化则是重要的精神纽带。正如他所说："中华文化博大精深，是包括澳台同胞在内的全体中国人共有的文明财富。中华文化同时作为澳台文化交流的重要纽带，在两岸文化交流中发挥着重要作用。无论在过去、现在或将来，我们都要集合民间的绵力，以推动两岸更多文化交流为目标，加深两岸与港澳之间的了解，深化在多个方面和领域合作。"

以文创，促交流谋发展

大力推动澳门文化创意产业的发展，一直以来都是崔世平的重要工作之一。

对于近年来文创产业的发展趋势，崔世平打开了话匣子。他介绍说，从 2012 年以来，中国文化创意产业发展势头一直向好，截至 2017 年，文化及相关产业增加值为 34722 亿元，占 GDP 比重 4.2%，不断向国民

胡钰与崔世平在“澳门新八景”颁奖典礼现场交流

经济支柱性产业迈进，文化产业总体融资规模不断扩大。

他认为，中国的文化创意产业有着巨大的发展空间。一方面，随着中国在数字化、互联网、5G 等技术上逐步实现从跟随到超越，艺术传播载体的变革将有希望带动中国在文化创意产业争得先机；另一方面，更加重要的是，中国悠久的历史和文化积淀为文化创意产业的发展提供了丰厚的沃土。

“中国有 13 个城市（青岛、哈尔滨、长沙、景德镇、上海、北京、南京、扬州、苏州、深圳、武汉、顺德、澳门）被联合国教科文组织评选为全球创意城市，而且澳门在 2017 年还被评为‘创意城市美食之都’，如果我们能够将这些全球创意城市作为文创产业新一轮的引擎，我相信中国的文创产业一定会迈上更高的层次。”崔世平觉得，海峡两岸以及港澳特别行政区在文创产业发展步伐、规模、形式和内容都有所不同，在人才和创意方面各具优势，需要通过更多的项目互动和人才交流，推动产学研深入融合，促进四地文化产业的发展。在他看来，适宜的外部政策环境对于文创产业的发展必不可少，政策制定者需要进一步鼓励市场化、产权化和普及化，推出更加优惠的税制等鼓励政策，并进一步加大对于版权保护的法治力度，中国文化创意产业的发展才可以更加辉煌。与此同时，他还着重强调了文创发展领军人物的重要作用：“只有深谙中华文化知识，具有开放性思维与全球化视野，并了解商业运作的通识型综合人才，才能够更好地引领文创产业的发展。”

龚宇：让科技和创意成为爱奇艺 DNA 双链

龚宇，爱奇艺创始人、CEO，清华大学自动化系 1987 级本科生，并于 1996 年获得自动控制理论及应用工学博士学位。

2010 年，龚宇创办爱奇艺，并将其打造成为中国领先的创新型在线娱乐服务提供商，于 2018 年在美国纳斯达克上市。他先后被美国权威娱乐行业媒体《好莱坞报道》评选为“2017 年度中国娱乐业十大影响力人物”（China Power List）、美国《综艺》杂志评选的“2018 年度全球娱乐行业最具影响力商业领袖 500 人”、分别获评 GQ 年度人物盛典“2016 年度企业家”“2018 年度商业人物”、《财富》评选的 2019 中国最具影响力 50 位商业领袖。

- 简单想，简单做——为科技和创意营造生长空间
- 观念正，内容优——让文娱行业拥有长久生命力
- 留空间，定规则——使文创产业步入健康发展轨道

在龚宇的人生经历中，有三个重要的九年，对他有着非同寻常的意义。

1987–1996 年，他通过高考这座独木桥考上了清华，在自动化系一读就是九年，并顺利拿到了博士学位。这是他的“第一个九年”。

1999–2008 年，他将自己读书时就埋在心里的创业想法付诸实践，在互联网发展大潮中创办了焦点网，这个综合门户网站在经历过寒冬之后带来了上千万元的盈利，并被搜狐收购，龚宇也随之加入搜狐。这是他的“第二个九年”。

2010–2019 年，他创办了爱奇艺，推出了《盗墓笔记》《中国有嘻哈》《延禧攻略》《破冰行动》《乐队的夏天》等多部现象级网剧及网络综艺节目，并将这家公司成功地送上了纳斯达克。这是他的“第三个九年”。

现在，他的“第三个九年”还在延续着——让爱奇艺成为一家以科技创新为驱动的伟大娱乐公司，这是他一直以来的愿景，也是他对于成功的标准。

简单想，简单做——为科技和创意营造生长空间

在中关村爱奇艺创新大厦的门前，一块底色为“爱奇艺绿”的巨幅广告牌上写着十八个醒目的大字——做一家以科技创新为驱动的伟大娱乐公司。

龚宇将爱奇艺定义为一家“科技 + 内容创意”的公司，始终重视技术与创意的相辅相成。正如他所描述的那样，在爱奇艺的工作人员中，一半是工程师、一半是内容创意者。

说起技术的重要意义，工科出身的龚宇侃侃而谈："回顾人类社会的发展史，科技进步是主要的推动力。300 多年前，蒸汽机的发明标志着工业革命的开始； 70 多年前，计算机的发明开启了信息革命；20 多年前，互联网开始出现并迅速普及，影视文化行业不断提升到一个又一个的发展高度，随之出现的颠覆式创新改变了许多行业规则和格局。"在爱奇艺爆款频出的背后，先进的人工智能、大数据分析和其他核心专有技术为优质作品的产出提供了技术支撑。

从图文时代到视频时代，媒介所承载的信息量越来越大。尽管传播方式发生了很大的变化，但是基本规律并没有改变。"对于平台来讲，马太效应依旧十分明显，行业发展越往后期，平台就会越集中；内容则正好相反，遵循的是长尾效应，随着受众个性化消费趋势的不断发展，内容的分散化特征也会愈加明显。"龚宇认为，未来视频网站的发展需要从规模和内容两方面着力，既要实现观看人数、观看时长和观看频次的增长，又要在影视、短视频等内容生产中不断注入科技创新的力量。

创新精神和科技因素是爱奇艺能够在文娱行业持续领跑的秘诀。在这家公司里面，重复是不被允许的，与众不同才是最基本的要求；而且，信息技术也万万不可缺席。

"对于爱奇艺来说，仅凭创意或者科技'一条腿走路'的话，是无法成为一家伟大公司的。"龚宇觉得，科技与创意就像 DNA 里的双链一样，二者相互绞合式发展，是爱奇艺的核心竞争优势。

在他眼中，"伟大"的含义不仅停留在概念性的阐释上，更需要落在实处。

"现象级网剧及网络综艺的持续产出，最根本的逻辑在于人才。"这是爱奇艺成为一家伟大公司的根本推动力，也是龚宇心中的底牌。

为了让优秀的科技人才和创意人才加入爱奇艺，龚宇在公司里推行“简单”的文化理念——“简单想、简单做”。所谓简单，就是要将人际交往中的复杂想法剔除出去，避免不必要的冲突，提倡思想上的碰撞。科技与创意没有优劣之分，而是需要在具体的工作内容中相互配合。这种简单、直接、包容、尊重的企业文化，吸引了越来越多高素质人才加入爱奇艺。

为了留住他们，爱奇艺不仅提供了极具竞争力的工资、奖金、期权等经济回报，还要让他们拥有成就感。一方面，创作者的优秀作品能够在企业内部得到大家的认可和赏识，在长期积累的过程中不断推出更多优秀内容；另一方面，爱奇艺如今已经拥有大规模的用户，好的作品能够获得很大的分发量和正向反馈，这也意味着不断提升的货币化能力和规模性经济回报，由此形成一种良性循环。“无论是公司内部员工，还是外面的自由职业者或制作公司，在与爱奇艺进行合作在获得经济回报的同时，还能实现自己的情怀。”龚宇说。

观念正，内容优——让文娱行业拥有长久生命力

在清华的求学经历中，龚宇从老师和学长的为人处世中学到很多，也逐渐培育出踏实好学、勤奋务实的品格，始终将行胜于言的价值观镌刻在自己的脑海中。他还记得，当年大家在读书时都十分刻苦，师生之间的讨论学习极大地激发了他的思辨思维，让他更加善于拨开现象看本质，并能够沉下心来不断钻研新知识。

如果把目光放得更长远一些就能发现，尽管龚宇在学校里学到的自动化专业知识没有被直接使用，但是自动控制的思维和思考模式却一直如影随形，持续学习的能力也让他能够在快速迭代更新的文娱产业中更加从容。

「文创时代的我」

这种清华品质一直伴随了龚宇30多年，也成为他所创办的爱奇艺身上的深深烙印。

“做娱乐行业，也要有正确的价值观。”他一直觉得，娱乐需要有趣，但符合主流价值观是基本底线，过于追求小众、只为赚取眼球的作品没有长久生命力，没有正确价值观的文艺创作者也不会有长远的职业发展生涯。

有了正确观念的引领，作品内容也要在保证质量的基础上不断创新。对于“工业化”这一影视行业中的热门概念，龚宇则以冷静的态度地剖析：“文艺作品永远不可能百分之百地工业化，成本控制、质量把控和特效制作等特定的环节可以标准化、规模化，但是创意才是核心，而这个核心主要依靠艺术家个人才华的输出，是无法进行工业化量产的。尽管文艺创作也有章法，但如果过于强调创作规律，只会让文艺创作套路化，优秀作品则会被越来越多的‘行活儿’所取代。”

对价值观导向和内容质量的严格把控，让爱奇艺拥有了“爆款制造机”的绰号，也获得了越来越多受众的认可和支持。今年爱奇艺第二季度财报指出，订阅会员规模达 1.005 亿，同比增长 50%，会员收入持续成为第一大收入来源。

这种强大的吸引力，主要还是在于优质内容能够持续不断地播出。与此同时，为了增强会员粘性，还要在做好内容的基础上，保证视频清晰流畅、界面友好等舒适的用户体验，并为会员开通电影院、餐厅、潮牌零售等消费场景中的特殊权益。对于每一个视频平台来说，会员数量的不断增长是梦寐以求的事情，因为这意味着会员收入的提升。对于龚宇来说，意义却不止于此：

“作为一家企业，规模要足够大，服务的用户要足够多。最重要的是，内容要有情怀、有正确的价值观，能够对受众产生正向影响，尤其是能够引导年轻受众健康发展，在得到快乐的同时，也能够受到文化的滋养和熏陶。”这正是他对于“伟大”二字的理解。

文娱作品不仅要吸引人，还能够积极地影响人，这就是龚宇在文娱行业中的始终追求。

显然，这并不是一个能够轻易实现的目标。但这种来之不易的感觉正是龚宇设定目标的初衷：“一个目标合不合适，主要看自己内心的标准。设定的目标要比 100% 确定能实现的情况高一些，否则没有任何期待值，即便做成了也没什么成就感；但是也不能高太多，否则就是妄想。”

他把这个度拿捏得正好。接下来是持续将爱奇艺平台打造成一个健康、持续产生优质内容的平台，能够受到更多用户的喜爱，并积极正向地影响他们的价值观和生活态度。

留空间，定规则——使文创产业步入健康发展轨道

龚宇在清华自动化系学习了九年，但毕业后从事的工作看似与自动控制的专业知识没有任何联系。抛开这种狭义的专业理解，自动控制的基本思想几乎渗透在他的每一份工作和每一次创业经历中。无论是企业管理、系统开发，还是研判行业的未来发展趋势，都少不了这种长期训练之后的学科思维。

基于此，龚宇对视频网站的未来发展有着自己的观点：“视频是人与人之间进行交流的完美方式，网络视频将会成为未来文化产业的主要骨架。”

他从人类最初的信息沟通开始回溯，从依靠声音传递，到文字的出现，发展到今天的视频传播，所传递的信息量不断增大，而且影视产业的规模之大远远超过报纸和电视行业。在这样的发展背景下，信息技术在视频传输、处理、加工等方面的作用越发突出。

至于爱奇艺的未来发展规划，龚宇坦言：“线上娱乐将会与更多行业进行融合，同时，线上内容也会向线下延伸。”目前，爱奇艺专注于娱乐 IP 生态的打造。

当然，未来还会有很多想不到的可能发生。无论技术形式如何变化，爱奇艺作为以科技创新为驱动的文化娱乐企业的定位始终不会改变。

在龚宇身上，严谨、务实的工科气质十分明显，他讲话时慢条斯理、富有逻辑，温和而富有理性。但他从小就显现出来的文艺兴趣同样对他的事业发展起到了重要但不易察觉的作用。

“我从小学的时候就喜欢看电影、读小说，虽然谈不上专业，但

是一直都很有兴趣，对文学和艺术具有基本的感知力和判断力。”对于出生于上世纪 60 年代的龚宇而言，他的成长经历无疑是幸运的。

他的这份幸运，现在已经成为一种常态——文化创意产业的发展与国家经济发展程度密切相关，在平稳向好的经济环境下，基本生活有保障，越来越多的人不会为温饱发愁，文化创意产业既有消费市场，也有人才培养的条件。

从爱奇艺成立至今，龚宇已经在文化娱乐产业打拼了近十年，对文创产业的理解也逐渐有了新的理解：“创意空间和产业规范都要有。一方面，要给予文创产业足够的成长空间和包容度；另一方面，产业发展要符合商业规律，需要逐步完善行业规则，而非自由混乱地发展。”

他喜欢用体育比赛的概念来形容文创产业的发展——既要让每位运动员将自己的能力发挥得淋漓尽致，又要建立好规则，只有这样才能够保障整场比赛的顺利进行；同时，体育比赛是多个项目的集合，文创产业想要获得持续发展，也需要与商业、科技以及各行各业进行融合。

在龚宇看来，文创人才的培养依然面临着许多挑战：“要想整体性地提升创意人才的素质和能力，高等教育是一个重要环节，但是阶跃性的进步无法仅仅依靠高等教育这一个环节来实现。”

“很多大学生进入企业后，还需要花费大量的时间进行集中式的学习，6 个月、12 个月甚至 24 个月都无法真正融入企业之中，”龚宇的神情中略带一丝遗憾，对于今后有志于在文创行业发展的人，龚宇建议大家在学习基础知识的同时，要抓紧一切机会进入社会、进入行业中寻找锻炼的机会，去了解市场、了解商业规律，塑造自己的核心竞争力。

为了尽可能地填补高校与产业之间的缝隙，龚宇参考了好莱坞与高校进行合作的经验，“我们发现，美国很多艺术类院校里的课程，都是由产业一线人员进行授课，课程内容都是经过不断总结和迭代更新而形成。”因此，爱奇艺主动走进学校，加强产学融合。在上海戏剧学院，爱奇艺与艺术管理系联合开设一门名为《网络视频管理》的课程，本课程共计 9 周，36 课时，课程结构方面完全按照大学专业课程的标准进行设置，由爱奇艺各部门高管讲授，对网络视频产业和演艺行业的最新发展进行前沿性研究。同时，爱奇艺还在北京电影学院、中国传媒大学和北京大学新媒体研究中心开设系列讲座，对在校生进行文娱产业培训。

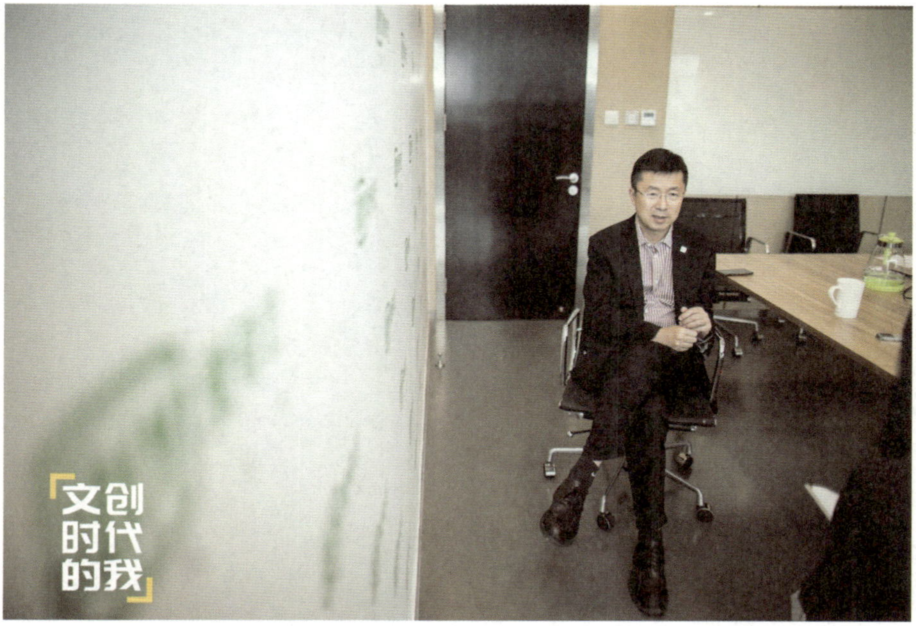

龚宇在爱奇艺创新大厦接受采访

“从历史发展的角度来看，创意人才的缺乏是阶段性难题。因为中国的市场化程度发展得很快，专业水平很高，但是文化娱乐产业的发展历程还很短暂，产业中的优秀人才还没有回流到教育行业中。这种状态以后一定会慢慢改变的，我们也想倾己所能做出一点贡献。”

这是一项长期投资且无法立竿见影的工作，但龚宇却十分坚定，并乐于为此持续付出。

高晓松：“你看大地辽阔，其实是一亿个人的独木桥”[1]

高晓松在清华演讲 胡钰主持

[1] 本文来源为清华大学清新时报微信公众号 2018 年 10 月 22 日推送文章，作者为梁乐萌、王子凯、丁欣然、荆晓青

高晓松走过很多地方。

除了在《晓说》镜头前一如既往摇着扇子纵论古今，他入职哈佛任研究员，开办杭州良渚晓书馆，在《奇葩说5》的一句“两个自由的灵魂相爱才是最好的爱情，两个相互阉割的灵魂不是好的爱情和人生”再次成为火遍微博和朋友圈的“金句”，堪比当年的“生活不止眼前的苟且，还有诗和远方的田野”。

2018年10月18日，高晓松应清华大学文化创意发展研究院之邀来到清华西阶礼堂，在两个多小时的时间里，与在场同学畅谈“5G与区块链对未来文娱产业的影响”。讲座结束后，《清新时报》对这位1988级电子系学长进行了专访，听他聊聊时代、人生和选择。

清新时报：在别人眼里您有很多重身份，比如音乐人、文人、书馆馆主……您现在更愿意怎样定义自己的身份？

高晓松：就是你说的这些呗，干嘛要定义成一个（身份），定义成一大堆也挺好。别让我挑一个，我也挑不出来。就是多重身份最高兴吧。

清新时报：您在哈佛大学的研究方向是什么？从文艺界转向学界，您走出这一步是出于怎样的考虑？

高晓松：现在在做的有两个方向，一个是中国唱片史，一个是新词汇——汉语新词汇。我原来不就是清华的学生，后来“走”到文艺界了嘛？我觉得走来走去挺好的。

清新时报：您在微博中说，希望做一个好的知识分子……

高晓松：较好的，较好的。

清新时报：那您怎样定义“好的知识分子”和“较好的知识分子”？

高晓松：我觉得好的知识分子大概能改变时代，或者能对时代跟人类有贡献。较好的知识分子至少不被改变吧。

清新时报：您在清华读书时，有没有哪个地方给您留下特别深刻的回忆？

高晓松：我从小就在清华，在这儿呆了三十多年，最好的回忆就是我们家，我每次来还都去老宅子看看。但是大部分时候都是悄悄到那里去。有很多年我外公外婆的骨灰还在那里，在那里埋了很长时间，后来我们把它移到大海撒掉了。那个地方现在变成了清华高等教育研究所，但是每年还是会回来看看。

清新时报：今年刚好是您入学 30 年，您觉得现在的清华和您当时发生了怎样的变化？

高晓松：我觉得不是清华的变化，是整个时代的变化。当年的清华是风花雪月的、象牙塔的，墙特别高，和外界隔绝得很厉害。墙里跟墙外的除了吃的差不多，其他全不一样。听什么音乐、读什么书，非常不同。

科技进步导致的就是所有的墙都被拆掉了，所有藩篱都被拆掉了，天之骄子、象牙塔都被拆掉了。清华的变化跟整个时代都差不多，墙变得很低，墙里跟墙外没有什么差距——差距这个词不好，就是没有什么不同吧。外面听什么、想什么、读什么，里面也一样。

清新时报：对于大众文化有人持积极的态度，有人持悲观的态度。有人觉得，之前大学里面谈论诗歌、谈论远方，但是现在很多高尚的东西似乎被亵渎或者庸俗化了。您怎么看这件事？您持悲观还是积极的态度？

高晓松：我当然持积极态度。我其实一直都不赞成赤地千里，皇家还在奏乐，虽然当时写的诗确实也很好，但是除了那些才子佳人，外面还有衣不蔽体的人。我们是要保持这样一种东西呢，还是虽然庸俗一点，大家却都能享受科技的进步和其他所有东西带来的乐趣呢？为什么不让大家都会弹琴呢？为什么世界上只有莫扎特会弹琴呢？

所以我从来不认为少数精英占用了大量社会资源去创造大师和象牙塔是好事。确实，有了电灯以后白金汉宫没有以前好看了，以前有蜡烛特别美，但是那时外面老百姓连油灯都没有。

清新时报：那您觉得和当年从清华离开时相比，自己这些年发生了怎样的变化？

高晓松：老了呗。还能发生什么变化，就是老了。

清新时报：那还有别的吗？比如性情、心态……

高晓松：我觉得我也跟所有人差不多。我在清华的时候就不是一个特别特立独行的人，今天也不是。我如果特立独行我就不上清华了（笑）。

清新时报：您觉得，离开清华会不会是影响您人生走向的一个决定？

高晓松：其实没那么严重，我读完了也不会成为另外一个人，读完了也是我，我还是一个比较随波逐流的人，不然也不会当年上清华、现在在阿里。大家都觉得这个事有意思，我就去干干、去试试，觉得挺好玩的。

清新时报：您怎样看待清华校园内存在的差异？比如在感性思维和理性思维上的区别，在人生选择道路上的差异。

高晓松：我觉得对于群体，只要是正态分布就是平衡的。比如说，我从小到大，每个班里都有一个热心肠和俩冷眼儿，我还从来没见过一个班里有两个热心肠（笑）。当那个热心肠不在了的时候，一定有人顶替他成了热心肠。差不多每个集体都是这样的正态分布。

对于个人，这种差异是注定的。我另一个采访里说，每个人的人生都是一根独木桥，你看大地辽阔，其实是一亿个人的独木桥拼起来的。属于你的就那根独木桥，不然你不能理解为什么有的人走的这条路就那么拧巴。你老觉得他有选择，或者自己有选择，其实也没有。所以对个人来说，不存在一个模式。你是什么样的人就是什么样的人，不需要去拧巴自己。

我觉得教育不是要把一个人改变，而是在一个群体里、在整个氛围的层面上去改变。如果教育导致这个正态分布有了非常严重的偏离，我觉得那是需要反思的。但如果它在那个正态分布的范围里，我觉得没有什么需要去做的，不能要求每一个人既感性又理性，又有诗意，又有艺术细胞。

这可以算横向的一个分布。在纵向上，一个人的成长中也是有差异的。你不需要去想，有的事早晚都会发生，只不过有的人早发生，有的人晚发生。有的人早天真、晚成熟，有的人早成熟、晚天真——你看有的人到了八十岁突然特天真。有的人早不爱晚爱，那晚爱的就爱死，能给你吓死（笑）。他一直非常理性，结果你看，这哥们到四十多岁突然爱上一人，疯了（笑）。

清新时报：清华是一个比较符号化的东西，对于每个同学来说，清华"国之重器"的地位会不会限制我们每个人的选择？比如您当时从清华电子系离开了，如果放在当下，这种选择会不会受到社会期望的限制？

高晓松：清华这个"国之重器"指的不是从社会上随便拉十个人进来，经过这个"国之重器"一锤炼，他们就全成那样了。从生源上，来的人本身在每个小群体里就是站在最前的。站在第一排的人，我觉得他本身就会有与其他人不同的责任感。这种限制其实是比较优秀的人对自己的要求，而不是你进了清华就会受这种要求的限制。

清新时报：从宋柯老师，到您，到李健老师等等，清华涌现出了很多音乐人。您认为不同年代从清华走出来的音乐人从类型、风格上有没有什么变化？

高晓松接受《清新时报》访谈

本文图片摄影 冯婉婷 毕诗瑶

高晓松：我觉得是越来越趋近社会的。就是最开始说的这个问题，现在基本上跟社会之间没有高墙了。我们那时候，社会听四大天王，这里头听罗大佑；社会读琼瑶，这里读尼采。但是现在很好的是大家都差不多跟社会融合了。

清新时报：那您觉得清华音乐人有没有一直保持的一个特点呢？他们之间有什么共性？

高晓松：我从来不认为在创作上一个学校有什么特点。清华有什么创作特点嘛（笑），创作特点都是个人的特点。连分第几代导演我都反对。创作其实是非常个人的东西，你没有办法说，因为上了北影，出来之后拍的电影全这样，上了中戏的出来全那样。我一点儿都没觉得。

郝景芳：永远的创新者

郝景芳，清华大学物理系 2002 级本科生，2013 年获得清华大学经济学博士学位，小说作家、经济研究员、童行学院创始人，其短篇小说《北京折叠》斩获第 74 届雨果奖“最佳中短篇小说奖”。

郝景芳曾为哈佛大学肯尼迪政府学院访问学者，曾被评为《人物》杂志 2016 年中国十大人物、2018 年世界青年领袖。她创立的童行学院涵盖科学、人文、艺术、社会四大学习领域，主要为 3-12 岁的儿童提供线上与线下相结合的通识启蒙课程，目前已为 10 万多名孩子提供优质教育内容。

- 从想象北京折叠 到弥合教育折叠
- 做文创 小卖部思维要不得
- 创意如何才能被激发？
- 思想的锤炼离不开读书与写作

郝景芳身上的标签有很多：小说作家、雨果奖获得者、经济研究员、童行学院创始人……

但在她看来，自己始终只有一个身份——创新者。

5 月 23 日下午，近百名清华师生早早地来到文科图书馆大同厅，静静地等待着新一期“真人图书馆”活动——由雨果奖获得者、童行学院创始人郝景芳带来的演讲。

活动还未开始，大同厅早已坐满了人，许多人不得不全程站着听完了这场长达两个小时的演讲。回到学校，郝景芳亲切地和学弟学妹们分享自己多年来在写作领域的经历，以及对于素质教育的实践与思考。

“你不觉得教育很有意义么？”

当与一位同学谈及自己创办童行学院的初衷时，郝景芳这样反问道。她笑意盈盈的眼中闪烁着如同少年般纯粹而坚毅的光芒，即便现在她已经是两个孩子的妈妈。

在签名赠书时，郝景芳写的最多的寄语是“坚持读书”、“坚持写作”。正如她自身的真实状态一样，尽管生活忙忙碌碌，但读书和写作从未停止。

从想象北京折叠 到弥合教育折叠

三年前，在美国堪萨斯城举办的第 74 届雨果奖颁奖典礼上，郝景芳凭借其科幻小说《北京折叠》获得雨果奖“中短篇小说奖”。由此，她开始走进大众的视线，并逐渐被大家所熟知。

彼时，她是中国发展研究基金会项目主任。由于她本科学习的是物理专业，并获得了经济学博士学位，最终却以科幻作家的身份跻身文学名人行列，如此跨学科、跨领域的经历不免引起大家的好奇。

而现在，她身上的标签又多了一个——童行学院创始人。

尽管《北京折叠》为她带来了极高的关注度与赞誉度，但她并没有因此停下脚步，也没有将自己囿于科幻小说的圈子里。

身为一名作家，郝景芳在作品中注入了自己对于现实的观察和对于世界的认识，并且用极为文学化的手法将其表现出来。从她写的小说中不难发现，关于人工智能的思考是一个核心话题。

在研究人工智能的过程中，她的态度也发生了很大的变化。“最初，我觉得人工智能的发展带有很强的负面效应，会导致很多人失业，这就倒逼着我们要成为创意性人才，”郝景芳说，“但是现在，我觉得人工智能技术的正面意义更多一些，它能够在很大程度上解决劳动力不足、优质服务欠缺的问题，能够帮助我们更好地生活。”

也正是基于此，郝景芳觉得，“自己还可以在未来教育领域做点事情”。于是，她尝试创办了童行学院，希望能够摸索出一条更好地用商业驱动教育的模式，培养孩子们的通识思维。

“之前没有人做出过这类成功案例，我想去探探路。”作为一名探路者，她开始进入到这个完全不熟悉的领域，快速汲取新知识，并颇有行动力地将想法付诸实践。

在郝景芳看来，当前的中小学教育更多还是偏向于技能学习，“语数外这些学科知识很重要，但是在此基础上，视野的拓展和思维的训练也十分必要。”她觉得，多元的知识积累会更有利于引导孩子进行深入地思考、判断与选择，而通用思维则能够综合性地提升审美、逻辑推理、观点表达和价值分析等能力。

她提倡将非学科性的基础素质提升作为学习能力的基底，在她眼中，具备这类通用思维的人，将来不论学习什么专业都能够走得更远。

“中国教育并不失败，但它就是差了一口气。”在去年的一次演讲中，郝景芳这样评价中国的教育现状，她觉得，只有将学科教育和通用思维教育有机地结合在一起才是好的教育。

“只学习技能就会成为一名铁匠，只会锻造锤子，但是不知道为

什么要造锤子、要造出什么样的锤子；但缺少技能也不过只是一名空想家罢了，想法天马行空，却无法付诸实践。”郝景芳认为，只有既掌握技能、又有思考和判断能力的人，才是未来社会所需要的人才。

在《北京折叠》中，她想象未来的人们将会按照社会阶层被分为三个折叠的空间生活；在现实世界中，她通过自身的行动去试图弥合教育领域的“折叠”。

做文创 小卖部思维要不得

“发现自我，探索世界”是童行学院的 Slogan，也是这一教育模式的精神内核，关于课程的创意设计紧紧围绕这一概念展开。

最近，郝景芳和团队成员正在筹划建立一个位于地球之上的空中学院，通过场地的选择和课程的设计让孩子们能够体会到超脱于地球之上、面对宇宙未知的感觉，激发他们的探索精神。

郝景芳觉得，对于文创领域的创业公司而言，需要弄清文化和创意分别是什么，并且将二者紧密地结合起来。只有这样，才能够找到统一的精神内核，并且将其准确地表达出来。

“要想做好文创，就要彻底摆脱小卖部模式。”郝景芳解释说，“当我们走进一家小卖部或者超市时就会发现，各种各样的产品堆放在一起，尽管摆放得很整齐，但只不过是‘大杂烩’。它们的精神内核是散的。”

在她眼中，具体产品的集合打包不能被称之为文创，因为它们缺少创意内核，“有形无神”是现阶段文创领域面临的最大瓶颈。她在一定程度上认可无印良品的文创属性，因为它的产品和店面设计兼具美学标准与哲学理念，具有独一无二的文化内涵。

文创
时代
的我

创意如何才能被激发？

郝景芳觉得，大学校园是能够将想法转化为创意的绝佳场所。一方面，学校要为同学们提供创意实践的机会，能够让同学们真正参与到具体的项目中去，如针对某一间教室或活动场所征集同学们的设计方案；另一方面，学校需要给予一定的专业技能培训，让同学们了解空间设计理念、配色原则等专业知识。

“所有的创意都值得被认可，哪怕只是一个小角落，也能够成为同学们实现创新想法的大天地。”郝景芳说。

郝景芳的成长路上留下了一个又一个创新的足迹。她总是喜欢尝试新鲜事儿，尤其是别人没有做过的事情，享受那种“从零到一”的感觉，只要是她觉得这些工作有意义、有价值便会去尝试。

对她而言，跨界是一种常态。或者说，“跨界”的概念在她的生活中并不存在，因为她从来将自己圈定在具体的领域之内，“不管我之前做过多少工作，我的身份只有一个，那就是‘创新者’。过去我一直在不断创新，未来也会如此。”

思想的锤炼离不开读书与写作

思考能力是郝景芳认为最重要的一种能力，对她创作科幻小说和创业提供了核心的支撑。谈及思考力的来源，郝景芳说：“纯粹是因为读书。”

轻松而愉悦的读书时光是她关于大学生活最美好的记忆，她在床头摆满了各个学科的经典著作，还常常跑到图书馆去读书，一待就是

一整天。

她不喜欢带有目的性地读书，而是广泛地涉猎哲学、社会学、历史学、经济学等书籍，她坚信，读过的书终究会成为思想的一部分，在需要的时候会自然而然地出现。

“很多人都说学校是象牙塔，大学生应该多到社会上闯荡。但我觉得，大学生在一定程度上脱离社会没有什么关系，反而是要利用好象牙塔这种纯粹的读书环境和丰富的读书资源，让自己的思想更加丰富。”郝景芳觉得，读书多并不能和“书呆子”划等号，因为书里记录了思想大家思考问题的方式，能够教会我们解决问题的方式。

最近，郝景芳正在阅读《人、国家与战争》，书中对和平问题的不同观点进行了介绍，既有乐观主义者与悲观主义者的争辩，也有现实主义者和浪漫主义者的讨论。

郝景芳在清华大学文科图书馆接受采访

“我从中学到的就是，分析问题需要把一个大问题拆解，然后从不同的角度进行思考，寻找根本症结与形成原因，然后探索不同的解决路径。”郝景芳觉得，这与解决公司发展问题的逻辑是相同的，经典书籍会对创业实践提供思维上的指导，尽管事情杂乱无章，但是背后的思维逻辑是相通的。

对于已经离开学校六年的郝景芳而言，工作和家庭的琐事纷至沓来，但她至今仍然保持着读书的习惯。最令她遗憾的，便是写作的计划经常会因为各种各样的原因而推迟。

在时间安排上，她以半年为最小颗粒度来规划自己的工作，有倾向性地分配自己的时间和精力，“因为写作是个人的事情，弹性比较大，但是与团队合作的工作会受到市场时间周期的影响，经常会出现写作为其他事情让步的情况，”郝景芳说，“但是写作也不能无限期地推迟下去，希望今年下半年能够把我的写作计划推行下去。”即便再忙，郝景芳也总是想方设法地挤出时间进行写作，因为“每一部小说都是一种创新”。

美国作家杰罗姆·大卫·塞林格是郝景芳敬佩的作家之一，“他的笔触既有女性的敏感，也有男性的冷峻，一字一句都是在表达。”

郝景芳觉得，好的作家不应该强调性别标签，而是应当兼具男性和女性身上的不同特点，使自己成为一个更加丰富的作家，就像弗吉尼亚·伍尔夫所说的那样，“伟大的作家都是雌雄同体”。

面对未来，郝景芳心中充满向往，她企盼每一个项目都能够健康有序地发展，良好地自运行下去，同时也憧憬着今后在不同领域的新尝试，“希望在十年以后，我还能够继续在不同的崭新领域进行探索。”

熊澄宇：文化产业的先行者与引领者

熊澄宇，清华大学教授，国家文化产业研究中心主任，清华大学文化创意发展研究院学术委员会主任。参与创建清华大学新闻与传播学院，并担任首任副院长。曾获得清华大学研究生“良师益友”奖。

熊澄宇长期深耕于文化产业的研究与实践，曾应邀为中共中央政治局集体学习讲解我国文化产业发展战略相关问题；多次参与中宣部、国务院信息办、国务院新闻办、文化部、科技部、教育部、新闻出版总署、广电总局等行业主管部门重大课题的组织和起草工作；多次主持国家社科基金重大项目、国家八六三计划、国家重点科技攻关项目等科研项目。著有《熊澄宇集》《世界数字文化产业发展现状与趋势》《世界文化产业研究》《中国文化产业政策研究》《文化产业研究：战略与对策》《信息社会 4.0》《媒介史纲》等书。

- 开展文化产业研究，为中央决策提供依据
- 主持创建传播系，担起传播人的时代使命
- 独立思考，做好学者该做的事情

作为文化产业的先行者，熊澄宇见证了中国文化产业的诞生与发展。他多次参与中央相关政策的起草与论证，并于 2003 年受邀为中央政治局讲课。随后，他牵头成立清华大学国家文化产业研究中心，以跨学科优势深入研究文化产业的理论、政策与实践。

1994 年至 2019 年，是熊澄宇在清华教书育人的 25 年，也是他作为学者见证并参与中国文化产业发展的 25 年。

他相信，学者要做好学者的事情、找准学者的位置。“独立思考、批判精神、创新愿望、务实态度”，是熊澄宇对于学者的期望。而他自己，始终身体力行。

开展文化产业研究，为中央决策提供依据

在清华大学宏盟楼 318 室门口，挂着一块牌子，上面写着“国家文化产业研究中心”。说起这块牌子的来历，还要时光倒回到十六年前的一段往事：

2003 年 8 月，中央政治局集体学习关于文化的主题，熊澄宇受邀讲课，题目聚焦为“我国文化产业发展战略”。讲课结束后，时任总书记胡锦涛拉着他的手交代：“要利用清华大学的多学科优势，就文化产业的相关问题，做跨学科、跨领域、跨行业的综合研究，为中央决策提供依据。”

回到学校后，他向清华校领导汇报了相关情况。在这样的背景下，2004 年 5 月，经清华大学校务会议批准，在熊澄宇牵头下，学校以新闻与传播学院、经济管理学院、公共管理学院、法学院、人文学院、美术学院、信息学院等七个实体学院为依托，建立了校级跨院系、跨学科的清华大学文化产业研究中心，熊澄宇任主任。

“校务会议对文化产业研究中心的定位有三点：第一，为中央提供决策咨询；第二，承担高端人才培养，既包括学历学位教育的博士博士后培养，也包括非学历学位教育的司局级以上干部和企业领袖培训；第三是文化产业重大实践成果的经验总结和模式推广。”回想起中心的初衷与使命，熊澄宇仍然记忆犹新，并且始终在文化产业领域辛勤耕耘。

国家文化产业研究中心成立至今，仅国家社科基金重大项目中有关文化产业的课题，就拿下了三项，其中熊澄宇主持并完成了《发展我国文化产业的理论与实践研究》《我国文化产业政策研究》两项。他实地走访美国、英国、印度等八个国家，同其相关部门、企业领袖和学界负责人进行交流，并将结果进行梳理，让中央更加了解国际文化产业的动向。在从事学术研究的过程中，他积极著书立说，其中《世界文化产业研究》一书的销售量如今已突破两万册。

政策研究之外，熊澄宇一直十分重视理论层面的钻研与思考：“我们不仅知道要做文化产业，还要知道为什么做，要找到理论根据。”

熊澄宇认为，在众多理论中，文化生产力理论是极其重要的一项，因为“文化生产力，是中国自己原创的理论”。“文化生产力理论从体制机制创新入手，积极地推动了我国文化事业和文化产业的均衡发展，也为建设社会主义文化强国战略目标的提出，奠定了坚实的理论基础。”对强调原创性、唯一性的重视，不仅体现在理论研究中，更始终贯穿于他的产业实践中。

在中国多个省市的文化发展规划中，都能看到熊澄宇思想的闪光点。他曾与二十余个省委中心组的班子交流，与相关的职能部门座谈，并赴实地考察分析，最后形成思路，为北京、武汉、广州、杭州、福州等十余个省市的文化发展规划和产业发展规划提出建议。

他强调，做规划要找到这方水土的特征，“每一个地方有自身的特点。如果某个规划把地名去掉，换别的城市都可以用，那么我认为这个规划是不成功的。”

在从事文化产业园区相关工作时，他认为文化产业园区的发展分为四个阶段：第一个阶段是成果转化，只要能挣到钱就是成功；第二个阶段是产业集聚，即把一些相类的企业放在一起；第三个阶段是功能拓展，即突出产业功能，构建分布式布局，形成产业链；第四个阶段是打造特色街区，在发展产业的同时，还要带动相关地区的整个文明程度的提高，通过与当地经济社会的融合，成为一种新的社会形态的推手。

经过十五年的深耕细作，国家文化产业中心得到了越来越多的认可。“在上海社会科学院智库中心发布的《2015 年中国智库报告》中，清华大学国家文化产业研究中心位列文化建设领域专业影响力第二名。宾夕法尼亚大学发布的《全球智库 2015》将我们评为中国最具影响力智库二十五强中的第六名，在评比的过程中，他们认为中心的最大特征就是有自己的思考，通过扎实的调研与研究，为相关决策提供判断依据与可选方案。”看着国家文化产业中心的累累硕果，熊澄宇感到充实、欣慰，也对这里寄予了更多的期许。

主持创建传播系，担起传播人的时代使命

“跨学科”能力，是国家文化产业研究中心的核心优势，也是熊澄宇在学术研究领域的突出特征。

“传播学是 20 世纪中期发展起来的、以人类社会信息传播活动为主要研究对象的一门交叉学科。”基于这样的判断，熊澄宇在教育部 1997 年正式将传播学列入学科目录之后，向校领导建议在清华发展传

播学。“传播学是一个多学科平台，信息学、社会学、政治学、新闻学等诸多学科都有所交叉，而且清华在信息科学方面的基础，对于办好传播学有很好的推动作用。”在这样的思考之下，他开始主动推动传播学科的建设工作，与多位校领导进行一对一的谈话。

经过多方的不懈努力，1998 年 10 月，清华大学以中文系编辑专业和多媒体艺术研究中心为基础，正式成立传播系，由中文系系主任徐葆耕教授兼传播系代系主任，由熊澄宇担任常务副系主任主持工作。

建系以后，首先开始招收硕士生进行培养。为了解决没有教材的问题，他编写一本《新媒体与创新思维》，书中的十六篇论文都是他亲自挑选的西方科学家、思想家的经典文章，直接从原文翻译而来，其中有十二篇是第一次被介绍到中国。与此同时，熊澄宇还从国外文献资料中选了十本书作为传播学的经典文献，并专门为此撰写了一篇文章《传播学十大经典解读》，第一次提出了“传播学十大经典”的概念，全文两万多字，在《清华大学学报》破例连载两期。“后来《新华文摘》全文转载，中国人民大学出版社向我约稿，由我编选的英文书《西方新闻传播学经典名著选读》在 2004 年正式出版。”在传播学教材方面，熊澄宇实现了从零到一的突破，并且一以贯之地专注于学术研究与写作，出版了许多颇有影响力的著作。

随着传播系的不断壮大，新闻与传播学院于 2002 年正式成立，熊澄宇担任首位副院长。“在学院成立之初，没有设系，而是设立了四个研究中心，分别是新媒体传播研究中心、影视传播研究中心、国际传播研究中心和媒介管理研究中心。我兼任新媒体研究中心主任。”回想起整个学院的发展，熊澄宇如数家珍，学院里的每一间房子、每一处设计，他都能讲出背后的故事。对传播学科、新闻与传播学院，他始终饱含深情。

作为中国新闻史学会传播学专业委员会会长，熊澄宇在今年 10 月份的一次演讲中对中国传播学的发展历程进行了回溯，并且提出了“元传播：关于传播的传播研究”“传播大数据的伦理与规范研究”“社交媒体与政治信息的寻找、接收和使用研究”“算法推荐与公民媒介素养研究”等十大前沿问题，极具洞察力地指出了传播学的未来发展方向。

从“传播学十大经典著作解读”到“传播学十大学术前沿研究”，熊澄宇关于传播学的思想一脉相承，真正担负起传播人的时代使命。

独立思考，做好学者该做的事情

在微信号个人签名处，“澄怀观宇”四个字恰如其分地传递出熊澄宇的学者气质。

在他看来，学者应当具有的品质包括独立思考、批判精神、创新愿望、务实态度。“独立思考是独特性、唯一性的根本，也是学者区别与其他身份的最大不同。所谓批判精神，就是家国情怀，是一种希望社会变好、行业变好、学科变好的责任感。第三是创新愿望，光有批判不行，还要能够提出解决方案，而且要提出别人没用过的方法来解决问题。第四个是务实态度，强调的是脚踏实地的精神，要在能力范围之内把事情做实，不能好高骛远，不能去追求做不到的事。”

细细品味熊澄宇的一生，正是这十六字的真实写照。

他始终奉行着“系统论－信息论－控制论”的思考方法。“系统论就是，任何一个点都是一个系统的组成部分，在研究这个点的时候，要把它放到面上去加以关注。所以，研究文化产业就要把它放在整个国家社会文化的大环境里去看。”他说。而信息论是指，决策的科学性源于信息的完整性，信息不完整，决策就会出现偏差。“所以我们研究问题首先要掌握充分的信息。我在做调研和规划的过程中，要去找主要领导、职能部门座谈，还要到各地去跑，就是要充分地掌握信息。”至于控制论，其核心在于反馈、调节、再反馈、再调节，直至目标。“在研究文化产业的理论、政策、实践等，都需要一个不断调节的过程。所以我提出了第三方评估，就是要增加反馈和调节的过程。”

遵循这样的逻辑，熊澄宇提出了文化产业发展的四个核心要素：内容、科技、资本、服务。他进一步解释道，内容引发社会需求，是指社会需要的内容是原创的（拥有知识产权）、差异的（找到用户定位）、不可替代的（产品的唯一性）；科技改变产品形态，此处的“科技”是包括信息科学、材料科学、生物科学、认知科学等四大领域在内的综合性科技；资本影响市场规模，即文化产业的发展需要一定的投入才会有产出，而且文化产业的无形资产（如品牌、产权等）在整个资本结构中占比很大；服务决定事业成败，是因为文化产业属于第三产业。

他善于思考，并敢于提出不同意见。在讨论国家文化产业的发展定位时，大家对于“我国应该在政策上支持航母还是中小微企业？”的问题争论不休。有人提出支持航母去国际上竞争，但熊澄宇却不这样认为：挂上国字头的航母一旦进入国际竞争，就会受到围追堵截，不如小微企业通过市场机制慢慢渗透、发展来得好。在研究之后，他在《人民日报》发表一篇文章，提出英国的文化产业布局值得借鉴：90% 以上的企业是 10 人以下的小微企业。

在经济危机时期，曾经有观点称经济不景气时，其他产业发展迟滞，但文化产业会发展得好，是因为“别的事情都干不好，人们就到电影院去看电影”。对此，熊澄宇并不认同。他撰写《经济危机中文化产业的生机与转机》一文，总结美国电影产业、韩国游戏产业和日本动漫产业在经济危机中表现出的产业特征和发展规律，提出产业发展有其内在规律，“由于具有知识密集、创意驱动的高附加值等产业特征，文化产业的发展与经济危机中其他产业部门的发展，并不完全同步，有时甚至是逆向的。”他认为，在经济危机中，社会特殊需求的增加、新兴技术的推动、政府政策的主导、市场规律的遵循、产业结构的调整、海外市场的拓展等因素都会给文化产业发展带来生机和转机。

随着学术研究的深入与人生感悟的沉淀，熊澄宇的国际视野更加宏观，对人与社会的发展也更加关注。他曾多次出席联合国教科文组织国际文化论坛、国际文化产业大会、中欧文化年开幕式等重要活动，以中国智慧推动世界文化产业的发展，并从人类命运共同体的角度思

熊澄宇接受采访

考中国发展方向。

他研究幸福产业的发展，重视文化与文明的研究。在刚刚举办的世界数字论坛上，他在讲话中强调：“所有的技术都是手段，最终还是要为人的全面发展服务。”12 月 18 日，联合国教科文组织抗衰老与疾病执行委员会正式成立，熊澄宇正是其中之一。

熊澄宇身上的人本精神，与他的人生经历不无关系。他 1968 年下乡，当过知青、工人、士兵，参加 1977 年高考后成为恢复高考之后的第一批大学生。后来，他读研究生并赴美留学。丰富而多元的生活经历让他对于生命、对于社会，都有着更深的体悟。

“前不久，我去了趟希腊，站在雅典卫城，看到几千年历史的神庙建筑时感慨：当时的建筑师没有现在这么多工具，依然能将神庙建造得如此宏伟。但是，几千年过去了，人类文明到底是进步还是退步？如果人们的聪明才智不用在战争上，而是都用在建设上，今天的社会会更加辉煌。”能够让社会变好，是他一直追求的目标。

熊澄宇坚信，要让文化产业发展得更好，每一个团体都要做好自己的事，做到“到位不越位”。“政府不能又希望你做，我自己也去搞，这就把它搞乱了；行业协会应该比政府更有效率，但是比企业更公正；专家学者就要做好研究方面的事情，各自要把自己的本职工作做好。”他说，“我非常希望学者要做好学者的事情。如果官员想做学者，学者想做商人，商人想做官员，就是错位。”

“人的一生很短，做不了多少事。我们要做自己能做的事。”

如今，熊澄宇已过花甲之年，每当谈到他所从事的学术研究，却总是神采奕奕。他的视野之宏观、要求之严谨、胸怀之豁达，还是一如既往的温善而有力。

马清运：与“丑”的持久对抗 对“成功”的冥思遐想

马清运，清华大学建筑系 1983 级本科生，美国建筑师协会会员，马达思班建筑师事务所创始合伙人，地意田园文化旅游发展有限公司创始人。

马清运 41 岁时担任美国南加州大学建筑学院院长，是国外院校建筑专业的首位华人院长及南加州大学终身教授；曾在国际奥委会评估团对北京申办 2008 年奥运会评估考察工作中作为主题 10“奥运村”的陈述专家，为北京申办做出了积极的贡献；曾参与规划设计北京 CBD 核心区，担任迪士尼上海项目顾问等；其代表作品有玉山石柴、恒隆广场、宁波日报社总部等。

- 建筑 不应该有个人的风格
- 乡创 一项关乎尊严的事业
- 成功 始于对成功的想象

马清运的过往经历，是一场思维角力的征程。

他曾在美国一家国际化大公司担任高级设计师，并很快创业，在美国建筑界大放异彩；而后回到家乡，在西安蓝田秦岭北麓栽种葡萄，潜心创建玉川酒庄，被称为“马醉父”。

他曾在纽约成立马达思班建筑师事务所；也曾参与设计北京 CBD 核心区，担任迪士尼上海项目顾问；还亲手打造“父亲的宅”，用传统颠覆传统。

他是美国南加州大学建筑学院院长和终身教授，成为国外院校任职的华人院长第一人；也是一位充满着田园情怀与赤子追求的“乡村创业者”。

马清运身上的标签有很多，但在他看来，自己始终在做一件事情——崇尚美。

建筑 不应该有个人的风格

建筑，是一种技术与情感的融合，也是建筑设计师表达思想与观点的媒介。但是马清运却一直在极力地避免作品中的个人痕迹。

“建筑是一种社会构成，不应该体现设计师的独立风格。”马清运觉得，“优秀的建筑设计作品不应该有固定的姿态和固定的表情，而是能够永远成为一个环境中最优美的姿态和最诱人的表达方式。”

至于到底是何种形态，马清运坦言，自己也没有固定的答案，即便他已经在建筑界闯荡了三十多年。

1983 年，他进入清华建筑系读本科，毕业后被分配到西安规划局从事城市规划与历史保护的相关工作。工作一年后，他于 1989 年到宾夕法尼亚大学攻读建筑学硕士，1991 年获得硕士学位后到纽约从事建筑设计工作，随后开始创业。

1995 年，马清运在纽约成立马达思班建筑师事务所；四年后，他又在中国设立马达思班建筑设计事务所，总部位于上海。

马清运对于建筑的认知与“不固定”的设计理念，正是他所创办的马达思班建筑师事务所一直遵从并通过设计作品所传递出的观念。

马达思班，英文名为SPAM，即策略(Strategy)、规划(Planning)、建筑(Architecture)、媒体(Media)。除了这四个英文单词，马清运更喜欢用“午餐肉”和“垃圾邮件”来阐释马达思班的精神内核：

“午餐肉将鸡肉、猪肉等压缩在一起，永远都是只注重营养，不关注具体的形态；垃圾邮件是一种快速的网络传播工具，效率极高，对于我们而言，就是要用做坏事儿的效率来做好事儿。”在马清运看来，建筑不应该具有固定的风格，但要有固定的标准——优秀，而所谓优秀，就是超越他人。

对于设计项目，马清运永远“不挑”，从来不拘泥于公建、博物馆等单一的类别，只要是能够为一处环境带来改变的建筑，他都倾心设计，并且努力使其为大众视觉带来喜悦的冲撞。

“如果人们能够在看到我所设计的作品时，感叹一句‘原来建筑还可以做成这样’，那就证明这件作品是成功的。”马清运觉得，好的建筑应当能够改变环境，并且能够让身处其中的人们拥有一瞬的超脱感，让大家能够短暂地脱离现实，拥有几秒钟的放空时间。

在他眼中，大同小异的建筑几乎没什么价值，只有创造力才是蕴含于建筑中的独特魅力，也是建筑拥有恒久生命力的源泉。马清运坚信，每一栋建筑，都应当只属于特定的空间状态，一旦存在，便不能缺少。“巴黎圣母院和佛罗伦萨教堂在建成之初都显得十分突兀，但是如果缺少了它们，这两个城市便也不存在了，因为它们已然成为城市的一部分，在我们的眼睛里永远拔不出来。”

马清运一直都觉得，建筑的功用被简单化了，它不应当只是扮演遮风避雨的角色，而要真正发挥生活空间的教化作用——为人们带来美的体验，潜移默化地提高人的审美能力，培育人们批判“丑”的精神，并给人们带来尊严。

乡创 一项关乎尊严的事业

每次向别人介绍自己时，马清运总是会先说一句“我是西安人”。

对于土地的这份热爱，指引着他一再与家乡的故土产生着割舍不断的联系。

二十年前，他以蓝田玉山和秦岭山脉为背景，在葱郁的山水之间为父亲修建了一处返乡居住的房子，借用王维“鹿柴”的寓意，将其取名为“玉山石柴”，意指用石头建造的房子，也被称为“父亲的宅”。

在此契机之下，马清运重新与这片土地建立了联系。

彼时，他正在美国打拼，并不断开拓自己的建筑事业，很难抽出时间在家乡一展拳脚。2006 年 12 月，马清运就职美国南加州大学建筑学院院长，一做就是十年，于 2017 年正式卸任，但他仍然是南加大的终身教授。由于担任院长时没有享受“每五年休息一年”的带薪学术假期，所以他从去年开始休假两年。

一放假，马清运一头扎回蓝田，在方圆五平当公里的陕北大地上开始再次创业，并成立了一家名为“地意田园”的公司，寄托着他对这片土地的深厚情感与美好期许。

“这次回来，和当年的马达思班不太一样，而是新的公司、新的做法、新的平台。”马清运一字一句地解释说，“地意田园公司主要从事田园发展，是田园、而不是农村发展。因为农村是现实，田园是理想，‘田园’是我们的一种文化属性，我所做的事情不是直接解决

「文创
时代
的我」

农业问题，而是以农业为背景的消费升级。”

他不再是建筑界叱咤风云的设计师，而是从种葡萄开始做起，逐渐解决土地、劳工、销售、团队管理等问题，成立了一家葡萄酒庄。回顾起这两年的经历，马清运感慨道：“这是一个很多元、很多层次的行为，在那个时候，我只有两个选择，要么不做，要么做得更大，我选择了后者。”

显然，他仍然在践行着自己的设计理念——就像每位出色的艺术家那样，他身上具有一种天生的反叛精神，从马达思班到地意田园，从来都是如此。

“为什么好的设计师只能为城市做建筑？”

“为什么我们只能保证坏的不会太坏，却无法让好的更好？”

马清运想用自己的亲身实践给出这些问题的答案。“在城市环境中，建筑是一种很成熟的行业，有用地红线、施工标准等法律法规，但是在以习俗和习惯为主要生活方式的农村却相差甚远，建筑设计作为一类职业还很不成熟。”马清运说，“农村也需要好的建筑，我们总是习惯用底线思维对外界事物进行评判，却无法使其变得更加优秀。”

在蓝田，设计的问题不像原来那样简单。马清运一直都在思考，“农村”距离“田园”有多远？在不断的实践中，他越发意识到，只有真正发挥土地的生产力，才能够激发出农村的自有活力。

于是，他结合蓝田的自然条件，将葡萄种植作为“三产融合”中的第一产业代表，将葡萄酒的生参加过作为第二产业的环节，将休闲旅游作为第三产业的一环。马清运觉得，葡萄酒被所谓的年份神话了，尽管伴随着年份的增长，葡萄酒会展现出独特的品质和口感，但在他心里，葡萄酒是一个自然的产物。对于这个项目而言，葡萄酒是一种附加值很高的农业产品，当地农民能够切身参与并从中获利。“只有土地，是当地原住民赖以生存的手段。”

马清运以葡萄酒为主要产品，但他却从不主动参与葡萄酒的认证与评奖活动，他始终坚信，品牌的建立首先需要有非常坚实的行业基础，然后再去打开消费者的感知，本末倒置就会“撑不住”。世界级的红酒评论家曾经专门撰文介绍“玉川酒庄”，并对这里生产的葡萄酒给予了高度的品质认可，称其为“中国出产的最受尊敬的红酒”。

马清运对于蓝田的感情十分复杂。他热爱这片土地，但是对于人们不守合约、爱占便宜等现象也有些嫌恶。“很多人缺少对土地的爱，缺少对文化的认知。”马清运希望，田园地意能够为他们带来更多收入，重新唤起他们对于家乡的情感，让他们的生活更有尊严，真正使农村变为田园。

成功 始于对成功的想象

“我理解的‘文创’，就是发挥创造力的作用，使非经济因素拥有更高的附加值。如果拆分来看，‘创’是什么呢？我们通常用的 Creativity 具有强烈的都市属性，与新生活方式与新产业发展有着很大的联系；但是对于乡村和农业而言，Productivity 更为合适，它指的是一种生产手段的极限能力，比如一亩地产多少粮食、一天干多少活儿……‘文’就是扩大极限能力的一种手段。”

马清运更喜欢用“乡创”来定义自己的事业，他将其视为一项整合的工作，更多地强调产业自身的生产力和人的创造力，在乡村空间中激发文化的活力。

在他看来，“崇尚美”是从事文创事业的首要素质，“如果看啥都觉得可以，那怎么能知道什么是美？”他的一生都在追求美，但他并不是因为觉得农村美才回到农村，其实恰恰相反——“崇尚美，并不是要到美的环境中去，而是要对丑的东西有一种长期而持久的对抗和想要改变的欲望。”

对于从事“乡创”的人而言，韧性也必不可少。他解释说：“就像种田一样，把种子撒在地里，只有到了固定的时节才会收获，再着急也没用。在农村做事儿就是这样的道理。”

马清运觉得，文创领域的工作不能太“硬”，而是要能够尝试多种可能性，并且在不断的变化之中把握最终目标，“航线不同，但不能偏离码头”。同时，表达力也是不可或缺的一项技能，“只有让更多的人理解你、支持你，才有可能成功，单打独斗永远都不会胜利。”马清运如是说。

对于科班出身的马清运而言，大学是一种至关重要的内置的成长

过程，对于文创人才的培养具有不可替代的作用。“大学阶段，是培养责任心和练手艺的黄金时期，只有具备宏大的责任心和优秀的工作能力，才能够为社会源源不断地输送高素质人才。”他觉得，大学是能够整体性地提高素质与能力的最佳场所。

闯荡江湖五十多年，马清运留下的作品有很多。在他看来，想象成功，是一份对于社会的承诺，也是奉献社会的开端；只有想象成功，才能把事情做成。

清华大学 108 周年校庆期间，马清运在甲所接受采访

“再过几十年，我们不但会退出江湖，而且也已经不再是物理存在，但只要我所做的事情还在持续地影响别人，那我就是成功的。”

马清运从不掩饰自己对于成功的渴望，但他用 Legacy 来定义自己所追求的成功——他不仅希望自己能够随心所欲地“花钱”，更加从容地去做有趣有益的事情；也希望给孩子们做榜样，能够拍着胸脯跟孩子说“你爹在你这个年纪的时候做过这样的事情，很酷”。

许怡然：深耕游戏 25 年　以专注赢未来

许怡然，乐游科技控股 CEO，清华大学自动化 1991 级本科生、精密仪器 1996 级硕士研究生、经管学院 2005 级金融 MBA。

许怡然曾组建及运营中国最早的独立游戏工作室，担任奇虎 360 游戏业务线总裁、完美世界 CBO、巨人网络战略投资总监、EA 亚洲外包经理、RealNetworks 中国游戏总监，搜狐游戏主管等职务。曾兼任美国 GLG 资深咨询专家，是 AAMA 天使投资俱乐部创始会员之一。曾参与及负责多家游戏公司的投资并购，包括 17173、电玩巴士、美国 Cryptic Studios、日本 SNK、加拿大 DigitalExtremes 等成功案例。2016 年，他被评为 2016 年度中国游戏产业十大影响力人物。

- 机缘 误打误撞闯入游戏天地
- 成长 吃透游戏产业的商业模式
- 反哺 让中国游戏成功出海

1994 年，许怡然在清华大学自动化系读大三。在大学里，自由的氛围让他的天性进一步释放：他喜欢到其他专业蹭课，考试只追求及格，参加交响乐队活动、拉大提琴，是清华艺术团里的活跃分子，也在校外各种兼职。作为一名非典型工科男，他到处寻找着可以发挥创造力的机会。

那一年正是中国内地游戏产业的元年。清华精密仪器系光盘中心金盘公司游戏部在全校范围内招募学生兼职做游戏。听到这个消息后，他“两眼冒着蓝光”，心里既激动又带着些许疑惑：“游戏这东西还能挣钱？”

很快，游戏产业蓬勃发展的现实给出了肯定的回答。乘着这股发展势头，许怡然走上了创业的道路，创办了中国内地游戏史上的第一家独立游戏工作室。

此后至今，纵使经历了太多的起落沉浮，他始终没有离开游戏产业，先后在搜狐、巨人网络、完美世界、奇虎 360、乐游等多家国内外知名游戏公司都留下了他的职业生涯足迹。

如今，许怡然被称为“中国游戏产业第一人”，他对行业发展做出的判断被许多人奉为圭臬。如若要他对过往二十五年人生进行总结，答案只有两个字——专注。

机缘 误打误撞闯入游戏天地

许怡然花了 25 年，见证并亲历着中国游戏行业的诞生与成长。但没想到，他第一次出名却是因为自己的创业失败经历。

1999 年，他在经历了各种各样的“创业痛苦”之后，总结七年创业的经验，写成一篇《网游创业失败全攻略》并在博客发布。没成想，这篇博文迅速引发共鸣，一下子就火了。他常常自己调侃说：“我是唯一一个因为失败出名的。”

很多人看到文章后找上门来，夸他写得好，“简直跟我们公司发生的情况一模一样”；还有人把这篇文章打印出来发给员工，人手一份作为警示：“在我这儿打工还有工资，出去创业就是这个下场。”

在这篇7000余字的攻略里，许怡然从融资、投资者、团队自身、运营商、利益兑现等五个方面，列举创业过程中遭遇的问题。之所以能够触发游戏从业者的深切共鸣，正是因为他在游戏行业创业七年的“惨痛经历”。

许怡然与游戏的缘分，可追溯至 1994 年。那一年，他在清华大学自动化系读大三，清华精密仪器系光盘中心金盘公司游戏部在全校招兼职学生，主要工作就是做游戏。听到这个消息，许怡然觉得没有什么其他工作比游戏更适合自己。

“游戏是‘第九艺术’，几乎囊括了我所有的兴趣爱好，用不完的精力都有了用武之地，没有比这更好的机会了。”他的语气中透露着骄傲，他始终认为游戏是整个文创产业中实现交互与实时连通的最完美的艺术形式，全世界没有第二种。

在他看来，游戏行业是最适合自己的选择——从小，他就和其他孩子不一样，特闹腾，邻居说带他一个“比带十个孩子都累”。妈妈还给他起了个外号，叫“反向器”——“别人说‘是’我一定说‘否’，至于为什么‘否’先不管，先否认再说。”

得益于这样的个性，许怡然爱好广泛，天马行空的想法尤其多。上初中的时候，他就有了四项国家专利，后来得了全国发明奖；他拉

文创
时代
的我

大提琴，爱听古典音乐，还喜欢美术、文学、商业。

他很幸运，正巧赶上了游戏产业在中国内地的发展机遇，正是可以将他所有爱好都结合起来的工作，足以包住他的创造力。

那个时候，没有光驱、没有显卡、没有声卡、没有光盘，甚至没有游戏，想玩只能拿软盘拷国外的盗版——大三的许怡然开始写中国大陆的第一行游戏代码。

兼职打工两年之后，许怡然被这个行业中的激情所牢牢吸引住了，他想再走得远一点。1996 年，正在攻读清华大学精密仪器系硕士研究生的许怡然创办了中国游戏史上第一个独立游戏工作室。

但好景不长，随着盗版的出现，激烈的压价竞争让正版游戏厂商面临着巨大的生存困难。

许怡然记得，97 年那会儿，广东某带公安打击盗版光碟，贴告示说举报盗版生产工厂者奖励 30 万元人民币；第二天，就在这张告示的旁边，一家盗版生产工厂也贴了告示：谁要是告诉我举报者是谁，我给 100 万。你来我往的竞争中，游戏光盘的利率不断压低，终于到了盗版定价比正版成本还低的程度。到了 98 年年初，中国几乎所有的游戏公司全倒闭了，许怡然的游戏工作室也未能幸免。

2001 年网络和网游出现之前，泛滥的盗版足以将单机游戏从业者们逼到绝境。做游戏活不下去，许怡然和团队只能接一些“非市场化”的活计，比如用 VR 做房地产展示、用 3D 技术去虚拟城市等。又过了两年，许怡然已创业七年，但“其实什么都没学到”。

他想：“不能这么活了。”于是，他开始有意识地规划自己的职业发展路径。

成长 吃透游戏产业的商业模式

随后，他进入搜狐公司做游戏总监，之后历任 Real 中国游戏总监、EA 亚太经理、巨人战略投资总监、完美世界 CBO、奇虎 360 游戏业务总裁等。2017 年至今，他出任香港乐游 CEO。

在游戏行业闯荡多年后，许怡然总结出一套对游戏产业的独特观点。在他看来，游戏产业的商业模式归根结底无非两种：平台公司与产品公司。

他将平台公司定义为“具有长期、稳定、低成本、大量获取有价值用户的能力”的公司，比如社交软件 Facebook、游戏平台 Steam、游戏硬件品牌 Xbox 等。他进一步解释道，平台公司的特征往往是比较长期、稳定，“躺着睡大觉赚钱”；其短板则在于“容忍度”低，即同行间竞争激烈，打败他者才有生存空间，而且，一遇上重大技术变革就会彻底死亡。

而 EA、育碧等产品公司，不会像平台公司那样形成垄断，其风险在于“Hit or Miss”。也就是说，生产产品投放市场就像扔飞镖，“Hit（扔中）”了，产品火了，“我可以躺着睡三年，这三年拿中了的飞镖赚的钱再去研发第二根飞镖”；但一旦“Miss（没扔中）”一次或者多次，后果就可能很严重，有时甚至是毁灭性的。

基于此，不同类型的公司对应着不同的竞争策略。平台公司要紧追划时代的技术提升，或是控制优质独家内容——优质大 IP 甚至可以“造”一个平台。许怡然以 Xbox 为例：“我手里有一台 PS2 的时候，Xbox 出来了。因为它有“光晕”，在 PS 上玩不了，所以我又买了一台 Xbox，把 PS 推到一边。”

而对于产品公司，大 IP 的作用也是显著的。许怡然说，产品公司想安全、想稳定、想高产，就要养 IP、守 IP，走高质量、高投入、高产量之路。他将优质 IP 比作“黑马”，提出一条可供参考的发展路径：“黑马”应让社会生产，“但是黑马一旦从草丛里跳出来，我就拿一网兜把它搂了，然后这匹马生的小马驹都是我的”，即通过续 IP、“炒冷饭”的方式降低“Miss”的风险。

此外，“Miss”风险也可通过开放 UGC 工具来平抑，即支持用户用游戏编辑器自定义，“在游戏里面做游戏”。其前提是公司具备“平台意识”，确保用户做出来的游戏归公司所有。

他总结两类公司的演变规律：平台的演变始于重大的技术或社会变革，演变伊始会催生竞争激烈的“乱象”，此时平台往往倚赖自主研发，因为新技术仅掌握在自己手中，需要有扛鼎之作以求和其他平台的区分；一旦用户达到一定的体量，就会开放平台，为其他产品生产商提供一个用户能够触达的机会，并在此过程中收取平台费（比如 Steam 将 CS 的用户开放给其他产品商），慢慢形成寡头垄断。

产品公司的演变同样始于重大变革。最先往往是技术制胜，比如第一个做 3D 游戏、第一个做真彩色游戏等；随后步入数量制胜的时代，因为那时“老百姓的需求远远大于市场的供给，所以只要是个游戏都行”。紧接着是创意制胜；新品类、新创意没有了，就看质量；最后，还得靠品牌或平台制胜。

至于未来，许怡然相信，游戏产业将迎来“N 屏融合”“大屏为王”的时代。

“设备不重要，大家不再关心什么叫手机游戏、什么叫电视游戏、什么叫 PC 游戏。因为有了无处不在的互联网、有了更小巧轻便的 VR 硬件，所以大屏幕可以移动起来，手机就变得没有优势了。”许怡然说，“我评判游戏行业的未来是看屏幕大小，因为开发一个小屏幕游戏和开发一个大屏幕游戏（相比）有质变——屏幕小需要的人少、时间短、钱少、管理复杂度低——而开发一个不同设备的游戏没质变。”

他总结出游戏的几大发展趋势：屏幕变大、机能变强、网络条件提升；用户量（人口比例）继续增加，玩游戏时间更长；做游戏的人更重视游戏的生命周期，“而不是一次性的做完游戏就给卖，卖完咱俩‘拜拜’”，游戏质量提升，开发门槛提高，产品公司的实力才会上升。

他进一步解释道，当开发门槛越来越高的时候，小的产品公司无法支撑生产，就会遭到淘汰，形成寡头垄断的局面；再加上云端技术的存在与发展，硬件厂商无法再像从前那样垄断市场，平台公司也失去了话语权，订阅模式成为方向。

“产品质量特别高、要求投入特别大的情况下，产品公司要控内容，就需要有很多独家，所以 Netflix 每年挣 100 块钱，要拿 99 块钱去拍片子，它的利润会变得越来越薄，最后走向产品不赚钱、但（用户）交会员费（的模式）。”

通过将免费网游的商业模式与迪士尼进行对比分析后，许怡然觉

文创
时代
的我

得，免费网游是更先进的商业模式。在他看来，网游通过售卖道具赚钱，而不是靠授权从其他 B 端收钱，闭环特征更加明显；而且网游只需要一次性的开发成本，运维及推广成本较低，利润率很高；另外，网游在虚拟世界里构建出一个复杂社交网络，具有极强的用户粘性。“免费网游同时具有较高的用户覆盖率和用户平均花费时间，如此一来，我们要做的，就是帮助大家寻找到他们最爱的虚拟世界。”许怡然说。

反哺 让中国游戏成功出海

许怡然相信，职业规划的成功关键在于“专注”。

“不论哪个行当，只要能够专注十年、二十年、三十年、四十年，把它干透了，我就赢了。”

在许怡然身上，到目前为止，这个时间是 25 年。

在此期间，必然会经历许多意想不到的苦难与困境。于他而言，在最初创业时经常会有一种撕扯感，挣扎与割裂是家常便饭：“我玩的东西根本不是我做的东西，我做的东西我根本就不想玩。”

这与中国游戏行业的发展布局相关。游戏用户数量会随着城市的发达程度递减，因为发达的城市有更多的替代性娱乐方式，用户对游戏的购买意愿也就越低，付费意识、可支配收入、硬件配置却相对较高。于是，画面粗糙、技术水准低、用户体验差的游戏就足以让厂商从用户数量占比高的下沉市场中赚钱，高大上的美术、技术显得没有必要。

这让许怡然感到悲哀。作为第二代投资人，他看到很多第一代投资人通过游戏赚得盆满钵满，转头又把盈利投在别的行业，只为赚更多的钱。

许怡然接受采访

这是他对游戏行业最不满的地方。他希望同侪们能够实现“反哺”，“咱得有点情怀，咱得为这个行业做点正面的远期的贡献，不能只为赚钱。”

许怡然认为，整个中国的文创行业几乎没有向外输出过原创的好东西，包括游戏。“在国外的大街上拉一个小孩过来，问‘最喜欢玩的游戏'，永远数不到一款游戏是中国人做的；而在中国的大街上拉一个小孩过来问'最爱玩的游戏'，一定会有人讲《魔兽世界》、'吃鸡'，这些都是老外做的。"

"关于中国的'三国'故事，在游戏领域，全世界公认做得最好的是光荣（株式会社）的《三国志》，日本人做的。不觉得很悲凉吗？"许怡然说。他期待着，游戏作为"第九艺术"能够为国增光。

他也希望，游戏行业能反哺文创行业的教育，比如提升从业人员的英语能力，培养跨领域的"Multi-talent"人才等。"第一个要解决教育公平问题，其实很多农村（学生）根本都没机会学；第二个要重点呼吁的，是专才教育。不要给每个人一样的教育。"

在许怡然看来，通识教育不应只停留在概念上和形式上，而是要让受教育者真正具备跨学科能力。他拿国内游戏行业中常见的现象举例："开发一款游戏需要计算机编程、美术设计，如果与国外市场发生关系时，还需要优秀的英文能力。但是，现在国内游戏行业中几乎找不出一个人可以同时具备这三种能力。"

现在，他能从工作中感受到的喜悦越来越多。在乐游，他探索着将中式游戏的优秀社交、留存、服务及西方游戏的优秀感官、技术、玩家体验结合的可行之道。"我用的就是老外制作的整个的游戏，但是后台的数据平衡系统是我给的，社交系统是我设计的。"

有底气说"我做的就是我喜欢玩的游戏"，这让许怡然感到骄傲。让他更加骄傲的是，自己不仅能从游戏产业中赚到钱，还能够推动中国游戏的成功出海、中国游戏人才的培养。正是因为这样的目标，他将会在游戏领域继续专注下去。

杜鹏飞：以艺术遣有涯之生 以学术研究助推高校博物馆

杜鹏飞，清华大学环境工程系 1988 级本科生，于 1998 年获得环境科学与工程专业博士。清华大学艺术博物馆常务副馆长，清华大学文创院副院长，清华大学环境学院教授，清华校友总会文创专委会副会长。

- 顺其自然 以艺术遣有涯之生
- 与天久长 清华艺博的前世今生
- 良性互动 高校博物馆的现状与未来

2014 年 3 月 28 日，清华大学环境学院教授、博士生导师杜鹏飞多了一个新的身份：清华大学艺术博物馆常务副馆长。

他自幼爱好艺术，虽然从事理工科研究，但从未丢弃对书画的热爱。他相信艺术的意义，“古人说：‘不为无益之事，何以遣有涯之生’，艺术虽然看上去没用，但是它可以让你的生活变得非常丰富、有趣。”

接受任命五年来，杜鹏飞参与并见证着艺术博物馆的点滴成长。在艺博工作的经验让他对高校博物馆及整个文博事业有了独到感受和见解。他强调学术研究功能对于高校博物馆的重要性：“高校博物馆不仅要有藏品，更要有学科、有学者、有学生，并依托于此开展学术研究，把研究成果转化为展览等公共教育资源，这是一个良性互动的过程。”

顺其自然 以艺术遣有涯之生

担任清华大学艺术博物馆常务副馆长以前，杜鹏飞好像与“艺术”俩字儿沾不上边——他本科学的环境工程，博士拿的工学学位，长期从事的教学和科研工作在环境规划与管理领域，现在在清华大学环境学院当教授、博士生导师，曾任清华大学环境学院党委书记。

考虑到从小在数理化学科的优势，以及父亲、兄姊都学理工科的家庭氛围，对于杜鹏飞来说，学习环境工程专业是一个顺其自然的选择。他一直很享受这个专业，认为它意义非常。

而艺术，则是杜鹏飞坚持许久的爱好。他自幼习书，雅好书画收藏与鉴赏，业余从事民国美术史研究。直到现在，他对书画的喜爱也从未停止，可惜因为时间有限，画画被“丢掉了”，写字倒是一直坚持到现在。

他借着各种机会去世界各地参观博物馆，了解不同民族、不同文明的文化遗存。三年前，他出版了一部关于艺术史的专著《艺苑重光：姚茫父编年事辑》。与此同时，他还任美术学院书法研究所客座研究员、清华大学教工书法协会会长……

“其实年龄越大越会发现，如果不懂艺术是多么遗憾的事情。”他常把这句话挂在嘴边，“古人说：‘不为无益之事，何以遣有涯之生’，艺术虽然看上去没用，但是它可以让你的生活变得非常丰富、有趣。”

做艺博常务副馆长五年多，他觉得环境和博物馆也有相通之处：两者都是对美的追求——环境是让自然环境更美好，博物馆是让社会环境、人文环境更美好。

与天久长 清华艺博的前世今生

今年9月10日，陕西省文物局、清华大学联合主办的“与天久长——周秦汉唐文化与艺术特展”在清华大学艺术博物馆开幕，杜鹏飞是执行总策划之一。特展联动陕西省42家包括博物馆、文研所、考古院等在内的文博机构，展出300余件周、秦、汉、唐历朝精品文物（兼及唐以前其他历史时期），一级文物达189组件。

特展开幕当天，正是艺博三周岁的生日。

杜鹏飞至今还清晰地记得2016年9月10日，艺术博物馆正式开馆那天自己的心情：激动、兴奋又紧张。“终于要亮相了。艺博是不是达到学校定位的要求？是不是让世人觉得不孚所望？都是需要接受检验的。”

2019 清华
暨清华文创训
2019

嘉年华
INGHUA CULTURAL CREATIVITY
NNOVATION CARNIVAL

自 2014 年 3 月 28 日被任命为艺术博物馆常务副馆长时起，杜鹏飞就开始参与艺博的筹备。在此之前，艺博的前期筹备工作领导小组已经做了大量的工作；到 2014 年，博物馆的建筑工程已接近尾声，开馆事宜提上日程，于是杜鹏飞受命来组建一个专门的运营团队。

他将整个筹备过程形容为“一场硬战”。他和团队一道，从为博物馆申请机构代码、去学校各个部门开户开始，到建筑工程的验收、二次装修的设计施工、安防系统的升级改造、展陈的设计与实施、开馆活动的筹备……一点点见证了艺博的出世与成长。

与此同时，杜鹏飞也没有耽误环境学院的教学科研工作，还利用边边角角的时间，写成 35 万字、480 多张配图的艺术史专著《艺苑重光：姚茫父编年事辑》（故宫出版社，2016）。他回忆，别的事情推动不了的时候，他就用晚上以及节假日的时间写作。当时他的办公室位于伟清楼六层，就在艺博旁边，从窗户往下看就能看到艺博的建筑工地。

现在，原来的工地上矗立着占地约 1.5 公顷、总建筑面积 30000 平方米的艺术博物馆。杜鹏飞介绍，迄今为止，艺博已经围绕着古今中外的优秀艺术资源策划组织了 60 个展览，“我们的藏品、我们的展览、我们开展的教育活动，都是在朝着世界一流标准推进。”

杜鹏飞认为，艺博得到的美誉离不开清华美术学院 60 多年的办学积累，“中央工艺美术学院（注：其于 1999 年并入清华，更名为清华大学美术学院）自 1956 年建校起，就重视积累艺术品资源用于教学。而且，它的学科特色决定了藏品的特色，比如它有陶瓷系，于是我们有一批珍贵的陶瓷收藏；它有染织服装系，所以我们有 4000 多件织绣类的藏品；它有绘画专业，所以我们有古代书画、近现代书画收藏。这些决定了我们的起点不低。”

与此同时，他还坦言，在收藏、展览、公共教育、学术研究、社会服务等方面，如今的艺博都还有需要提升之处。

在藏品方面，他强调国际化的重要性，呼吁对世界艺术有收藏的校友把藏品贡献出来，化私为公，让更多的藏品发挥作用："我们的定位是艺术博物馆，这个'艺术'不能只是 Chinese Art（中国艺术），应该是 International Art（国际艺术）。"同时，他十分重视策展能力的提升，希望能够把更优秀的展览、更优秀的艺术带给中国的观众。

让艺博发挥更好的公共教育功能，则是杜鹏飞的一个目标。他认为，重视教育是进入新世纪以来全世界博物馆的趋势，"比如美国大都会博物馆，它现在最大的团队是教育部。而且它把负一层的空间拿出来给公教活动，还为此专门开了一个门，也就是说教育活动有自己的专门通道。"

与此同时，学术研究的提升"也是没有止境的"。学术是高校博物馆的固有特点之一，杜鹏飞觉得"高校博物馆不仅要有藏品，更要

有学科、有学者、有学生，并依托于此开展学术研究，把研究成果转化为展览等公共教育资源，这是一个良性互动的过程。”他以“与天久长”特展为例：对参展的陕西文物的梳理本身就有很高的学术性要求，而且，艺博还围绕这个特展组织了为期 2 天的国际学术研讨会以及近 10 场学术报告。

“一个展览可以配合学术出版、学术研讨、学术讲座等，这都是

大学博物馆的优势，也是大学博物馆的特色。”

类似地，社会服务的提升同样是永无止境。

不同年龄段的公众有不同的特点、需求、偏好，艺博需要不断改进服务。杜鹏飞提到 21 世纪以来博物馆的转向，从“以物为中心”到“以人为中心”，而这代表着博物馆正在走向成熟。他解释道，“物”是博物馆得以存在的法理基础，最早的博物馆就是收藏者所拥有的“物”的汇聚、研究和呈现，是私人性质的，“至于别人喜欢不喜欢、愿不愿意来看，那是别人的事情”；但现在，“物”成为了公共物品，核

心是让它发挥最大的价值，即吸引更多的人来看，于是，观众代替“物”成为了中心，博物馆要了解观众的心理与喜好，最大化地满足需求、提供服务。

良性互动 高校博物馆的现状与未来

很多人不知道，中国的大学校园里，总共藏着300多家博物馆。杜鹏飞认为，在功能方面，这些大学博物馆与社会的博物馆不应有别，“因为博物馆有很基本的功能和要求：收藏、研究、展示、教育、服务。不满足的话，就无法称其为博物馆。”

此外，高校博物馆拥有一个社会博物馆往往不具有的功能：作为大学的教育平台，为学校的教学和人才培养提供支撑，比如艺博的展厅可以作为美院临摹课的场所。也正因为此，高校的博物馆更应在学术上下功夫，让展览更具学术性，“而不只是把东西拿来晒一晒、晾一晾”。

杜鹏飞介绍，国内外高校博物馆的一个显著特点是，其起源往往与本校学科相关，其建设基于本校人才培养和学科建设的需要。具体来说，原本用于教学的标本和资料积累到一定的数量之后，为了更好地发挥其作用，学校就会考虑将其公开陈列。比如，美国宾夕法尼亚大学的博物馆与它在18世纪末19世纪初就有的人类学科有关；法国巴黎矿校有世界上最好的矿物标本博物馆；北京中医药大学有关于中药材、中医器具的博物馆。

另一方面，这些脱胎于学科的博物馆也能反哺高校的学科发展，支撑相应的学术研究和人才培养，最后形成良性互动。“若大学脱离自身的学科特点，突兀地建立一个与学科不相关的博物馆，既没有必要，也很难办好。”杜鹏飞认为，依托学科发展，并反哺于学科发展，是一所大学博物馆的基本目标。

谈到大学博物馆发展的瓶颈，杜鹏飞坦言，人是任何一个机构、任何一个事业最核心的要素。实际上，博物馆需要的人才是多种多样的，“我们是艺术博物馆，所以来递简历、找工作的，10个里面有9个都是学艺术的，这是一个最大的误解。博物馆有多种多样的人才需求。”

根据业务的分类，他系统介绍了文博事业所需的人才类型。例如，收藏工作对专业性要求很高，需要多门类的专业人才——藏品登记的负责人应该懂目录学，保管员则需要掌握与其所管藏品相关专业知识，所以考古博物馆的保管员要懂考古发掘品，地质博物馆的保管员要懂地质标本。而一场展览的成功则需要更多元的人才，展览的策划、设计、灯光照明乃至温湿控制都需要专业人士。

谈到这里，杜鹏飞感慨，“全世界的博物馆馆长坐到一块，大家都会抱怨所谓的‘博物馆学’，因为它往往与博物馆真正需要的人才脱节。”他认为，博物馆学应该从学理的、宏观的层面入手，研究博物馆的基本运行规律，比如观众行为学，而非博物馆的具体管理。在他看来，要想解决博物馆领域常见的人才流失现象，关键在于薪酬体系的改进。

而高校博物馆发展面临的最大困难，是国家政策的不匹配。他认为，对于高校博物馆这类非文博系统内的博物馆，应该有一视同仁的支持发展的政策，尽管《博物馆条例》也是这样规定的，但是无法得到有效落实。杜鹏飞举例说，在接受来自海外的捐赠品时，入关时要征收高额的关税和增值税，税率甚至高达捐赠品估值的25%，这是没有道

「文创
时代
的我」

理的，因为捐赠给高校博物馆的藏品都会被登记为国有资产，为其交税没有道理。这为清华艺博带来了巨大的资金压力。

杜鹏飞在清华大学艺术博物馆接受采访

对此，他希望国家政策能够更大力度地支持高校文博事业的发展："只要能够保证艺术捐赠品成为国有资产，仅作为博物馆藏品进行展出，而不会进入市场进行交易，就不应该收取关税和增值税。而目前只有进入'国有公益性收藏单位名录'的少数省级以上大馆才有这样的待遇，这是没有道理的。对于高校博物馆，国家可以去抽查、可以去监管，但不能为了防止藏品进入市场而去收取高额税费，否则会在很大程度上制约高校博物馆的发展。"

童之磊：助力数字版权保护 推动精品文化出海

童之磊，清华大学汽车工程系 1993 级本科生，获清华大学工学学士学位。2000 年获美国麻省理工学院（MIT）与清华大学联合培养的国际工商管理硕士（IMBA）学位。是首届“挑战杯”中国大学生创业计划竞赛冠军队队长，现为清华校友总会文创专委会副会长。

2000 年，童之磊创办中文在线，是中国数字出版的开创者之一，并于 2015 年在深圳交易所上市，成为“中国数字出版第一股”。现已成为全球最大的中文数字出版机构之一。

- 把兴趣发展为事业
- 保护数字版权就是保护创造力
- 文化出海，志当存高远

上世纪 90 年代，童之磊考入清华大学汽车工程系，知识的大门向他打开。在学校里，从小到大养成的读书习惯仍然没有丢失，他每天都要去图书馆读书。书籍是他成长之路上不可或缺的精神食粮，也成为他一辈子为之奋斗的事业。

在一次宿舍“卧谈会”上，室友问他：“你的人生理想是什么？”

“为人类进步而奋斗。”童之磊毫无犹豫地说出了他的想法，这是他早已思考过无数遍并且内心十分坚信的答案。

如今，20 多年过去了，他一直在朝向这个目标努力着。他发起成立的中文在线集团是中国数字出版的开创者之一，也是全球最大的中文数字出版机构之一。

把兴趣发展为事业

回顾中文在线的创办经历，童之磊用“幸福”二字来形容：“能够将自己的兴趣发展为事业，这是最幸福的事情。”

他本科就读于汽车工程系，但却是图书馆的常客，从专业书籍到文学作品，都牢牢吸引着他。

在借阅图书的过程中，他发现，有很多好的书总是借不到，而且这种“一书难求”的现象到了寒暑假的时候尤其明显。“对当时我们这些‘穷学生’来说，一本书可能相当于三四天的伙食费，实在是太贵了。”童之磊回忆说，那个时候大家都舍不得买书，稀缺的图书资源总是难以满足大家的需求。

到了 1999 年，互联网的发展突然为他打开了一个全新的世界。

网络的出现将文字搬上了电脑，一本纸质图书的内容能够同时提供给无数在线网友阅读。随着网上文学作品的逐渐丰富，童之磊孜孜不倦地开始通过网络读书，他回忆说："那个时候经常通宵达旦地看书。"作为读者，他看书看得十分满足，但同时他也在思考——这为作者带来了什么？

在网络传播的过程中，作者几乎没有赚取任何收入。但是，在文学内容生产的过程中，作者是创作之源，如果他们长期无法从中获取相应收益的话，长此以往就不会进行创作了。

正是基于这样的思考，童之磊决定借助互联网的新兴力量，改变传统的纸质出版模式。1999年，他首次提出了"网络出版"的全新理念，并于次年成立中文在线，成为中国数字出版的开创者之一。

在公司成立之前，童之磊曾经向一家出版社的社长阐述自己的想法，并希望获得支持，但是遭到了对方的拒绝："这是完全不可能的，中华文明5000多年的纸质阅读习惯怎么可能被你这个毛头小伙子改变？”对于当时只有 24 岁的童之磊来说，这种质疑声从未停止过，但却丝毫没有动摇他的决心。

如今，数字阅读率早已远远超过纸质阅读率，与 20 年前的情况发生了很大的变化，曾被大多人所认为的“不可改变的纸质阅读习惯”已经发生了彻底的变化。这些无一不证明着，他的坚持是对的。

中文在线的成立，伴随着中国数字出版产业从无到有、从零到一的巨大跨越，与中国数字出版产业共同成长。“我们亲历了这个伟大的时代，我们也是时代潮流中的参与者和推动者。”对于童之磊而言，为人类进步而奋斗的人生目标从未改变。

保护数字版权就是保护创造力

“在数字出版领域，版权保护是一种全新的挑战。”在童之磊看来，传统出版模式下的盗版制作需要很高的生产成本，如果要生产一本盗版书或者盗版光盘，就要开设印刷厂、光盘生产线等，整体流程十分复杂。但是在数字出版时代，数字侵权的过程非常简单，任何人都可以拿着鼠标，通过“复制”-“粘贴”的方式就完成了。

为了解决此类版权问题，中文在线形成了一整套成熟的版权保护体系，通过技术保护、行政保护、司法保护和社会保护四重维度，保护作者的著作权等权益，有效地保护了作者的合法权益，赢得了诸多签约作家的认可与尊重。

之所以在版权保护方面花费巨大心力，是因为他们始终将内容创造者视为核心力量。正如童之磊所说：“版权有保障，作者的利益就有所保障，优质内容才得以源源不断地产生。”保护创作者的权益，

文创
时代
的我

将收益与创作者共享，始终是童之磊的初心所在。为此，中文在线平台上的作品均获得作者或版权机构的合法授权，保证每部作品百分之百授权合法；此外，还通过有声书、影视剧、游戏等进行文学 IP 的衍生开发，为创作者带来了更多的收益，很多作者获得了数以百万甚至更高的版权收益。同时，童之磊还发起成立了中文“在线反盗版联盟”，通过整合权利人、网站、出版社、律师事务所等资源优势，使权利人联合起来向网络盗版举起法律武器，累计为数以千计的作者、数以万件的侵权案件提供法律支持，以合法方式保护他们的合法权益，大力推进数字版权保护的发展进程。“一手抓传播正版、一手抓打击盗版”的两手抓模式，让中文在线始终奉行着传播正版数字版权资源的准则。

童之磊认为，中国数字出版产业的发展，尤其是数字版权保护体系的不断完善，与国家支持密不可分。他进一步解释说，得益于相关产业政策与法律法规的的推动，才使得有一批像中文在线一样的数字出版企业顺利诞生并迅速发展起来。他回忆说，中文在线成立之初，中国《著作权法》中还没有提到数字版权的相关规定，那时数字版权的保护根本就是“无法可依”；2001 年，中国修订了《著作权法》，并将信息网络传播权作为一项独立的权利列入其中；2006 年，国务院专门出台了《信息网络传播权保护条例》，为网络信息的传播权提供了法律保护。

“知识产权保护力度的不断加强，对于中文在线的发展至关重要，”童之磊表示，“希望相关法律法规和行政举措能够继续加强，数字版权保护能够有更大的力度，因为盗版现象仍然大量存在，甚至有时盗版数量会远远多于正版数量。”

同时，随着中国文化产品逐渐走向世界，全球性的知识产权保护愈发重要。在文化出海的过程中，童之磊希望中国文化企业在走出去的过程中能够得到国家层面的支持，当文学或影视作品在海外被侵权时，能够得到有效的版权保护。

对于童之磊来说，最强烈的期盼就是希望"反盗版联盟"的消失："如果有一天，盗版问题不复存在，所有内容创作者不用面对维权的问题，那才是我们最大的成功。"

文化出海，志当存高远

如今，中文在线已经将发展眼光看向了国外，在文学与教育领域持续发力。

童之磊带领团队战略性地投资了英文世界最大的中国文学网站

Wuxia World，抢先占据“出海”阵地，内容以玄幻、武侠、仙侠为主，月活用户超过 400 万，读者遍布 100 多国，为中国文学内容的广泛输出打造了良好的平台。

此外，中文在线还推出了全球 IP 合伙人计划，开启了超级 IP 的联合开发之路。同时，国产“IP”剧开始走出国门，《天盛长歌》被美国流媒体视频网站 Netflix 以“Netflix Original Series（Netflix 原创剧集）”最高级别预购，成为 Netflix 首部引进的古装剧，并被翻译成十几种语言面向全球观众播出；《新白娘子传奇》在马来西亚最大收费台 Astro、覆盖北美及多国新媒体平台 Rakuten Viki、柬埔寨 PPCTV、越南电视台、韩国 AsiaN 台等多地发行。

2018 年 8 月，中文在线与全球领先的教育集团“培生教育”签署战略合作协议，围绕数字教育出版综合服务平台和中小学数字阅读两

大领域展开深度合作，共同推进数字教育出版综合服务平台的构建，朝着传承文明的使命又迈进了一步。

“超级 IP”战略是中文在线的核心竞争力之一。童之磊解释说，真正的“超级 IP”，应当能够持续开发，并具有广泛影响力。他用我们所熟知的哈利波特、漫威和阿甘正传来举例子，“哈利波特和漫威属于‘超级 IP’的范畴，因为二者构建的世界观和发生在其中的人物故事可以一直讲下去，但是阿甘正传却不具备生产第二部、第三部的能力。”在他看来，文学创作是“超级 IP”极为重要的来源，正如《哈利波特》一样，首先是由 J.K. 罗琳创作的一部文学作品，在出版后引起全世界的关注，并被改编成电影等各种媒体形式的作品，成为一种世界级文化现象，直到今天还在持续开发。

童之磊认为，对于中国的文学作品而言，《西游记》就是一个潜

在的“超级 IP”，从明朝中叶诞生的小说作品，到央视 86 版电视剧的热播及不同版本的翻拍，再到《西游降魔篇》电影的上映以及游戏的开发，“西游”作品几乎年年不断。

但是，与西方的 IP 开发相比较，中国还没有形成一套成熟的工业化模式来创造超级 IP。“而这正是我们未来将要努力的方向，通过一套完整的、成熟的工业化模式，将中国文学作品更好地开发，并传播到全世界。”

在童之磊看来，中国文化内容的出海离不开中国文化产业的大发展大繁荣。在此背景下，未来文化产业的发展对于优秀文创人才的需求量是巨大的。

“从当前的发展态势来看，越来越多的中国文化产品开始走出国门、走向海外，受众群体不断壮大，这就意味着需要有更多的文化产品被创造出来。”童之磊认为，只有既懂文化又懂科技的复合型人才，才能满足未来的发展要求。过去，优秀的文化人才只需要懂文化、懂内容，但未来还需要懂得科技应用，才能不被时代所抛弃。比如，要想成为一名优秀的电影导演，不仅要知道如何讲述好的故事、呈现好的表演形式，也要熟知后期制作等电影技术的新兴发展，才能够给观众带来一场视觉盛宴。基于此，童之磊觉得，清华大学在培养复合型人才方面极具优势，将世界领先的科学技术与人文学科的发展相结合，将会培养出更多优秀的、符合未来发展需求的高端人才。

走出学校后，社会上依然有非常广阔的成长空间。不论选择到企业工作，还是去文化研究机构，或者是政府部门，多种多样的职业选择中都蕴含着许多机会。“不论选择如何，要想打造文化精品，持之以恒的精神必不可少，必须要有‘10 年 +’的心态才能真正做好。”童之磊诚恳地建议，一部文化精品的成功绝非偶然，背后是创作团队长期付出的努力和日复一日的坚持精进。

童之磊在清华主楼接受采访

这种持之以恒、精益求精的状态正是对童之磊最贴切的描述。

20年来，他始终深耕于数字出版产业，并且将爱好读书的兴趣逐渐做成自己的事业。于他而言，这是一种莫大的幸福；于社会而言，这是一项推动文明进程的伟大事业。他始终在这条充满创造力的路上探索前行。

成为世界级的文化教育集团，是中文在线的长期发展目标。在童之磊看来，实现这一目标的路径还十分漫长，但是中国有句古话“志当存高远”，这正是他和他的团队长期努力的方向。

许亮：投资“罗小黑”——因为相信，所以看见

许亮，清华大学英语系 1994 级本科生，1998 年以“优秀毕业生”荣誉毕业于清华大学，获得文学和经济学双学士学位。后来毕业于哈佛商学院，获得 MBA 学位。清华校友总会文创专委会理事。

许亮曾担任博纳影业集团副总裁、首席财务官，永新视博联合创始人、执行副总裁兼首席财务官。他是光影工场影业、基因映画影业创始人，合一文旅基金创始人，动画大电影《罗小黑战记》出品人。

- “在看似巨大的不确定性中，寻找最大的确定”
- “进入文创领域后，我发现这是一片蓝海”
- “别人笑你愚蠢，但历史终将证明你是对的”

“有你的地方，就是家。”

9 月 14 日，国产动画电影《罗小黑战记》上映一周后，票房突破 2 亿。这部温暖治愈系的电影赢得了观众喜爱，一众粉丝甚至称之为“有生之年系列”。

《罗小黑战记》出色的票房表现与市场口碑，昭示着国漫崛起的声势越发浩大。

对于投资人许亮而言，这次的成功似乎早已在预料之中，但也来得十分不易。这是他在文创领域闯荡了接近十年之后，凭借自己果敢的判断、出色的胆识和执着的信念赢来的。

他相信，这部电影所呈现的世界观一定会触动人们内心深处的柔软，因此，他积极发挥资本的力量，让《罗小黑战记》顺利在大银幕上被大家所看见。

因为相信，才能看见，而且要让更多人看见——这就是许亮内心的坚持。

“在看似巨大的不确定性中，寻找最大的确定”

2011 年 3 月 17 日，导演 MTJJ 制作的动画《罗小黑战记》第一集在 B 站正式发布，“小黑猫”的形象开始被一小撮人所熟知。到现在为止，在 8 年时间里，这部每集只有 5 分钟的番剧总共更新了 28 集，成为国内著名的“我和导演比命长”系列连载动画。

没有明星大咖，缺少大 IP 的加持，导演和整个制作团队都从来没有做过电影，项目处于极为早期的状态……这能行吗？

在电影版《罗小黑战记》正式上映之前，这是大家心中普遍存在的疑问，许亮也不例外。

只不过，多年的影片投资经验让他看到了这个天使期项目的潜力和国漫市场的机会。经过反复权衡，他觉得要对自己管理的机构投资人的资金负责，最终决定用自己个人出资的影视投资公司冒这个风险。

在清楚地了解电影的所有困难之后，许亮立刻做出了投资的决定，并且成为该项目的“绝对大股东”，投资金额超过其他所有投资人的资金总额。

“如果用量化工具来看，‘罗小黑’当初并不是知名度很高的IP，甚至可以说是小众。这就注定了项目极高的风险性。”许亮说，“但是高晓松曾经说过，‘这个世界不只有眼前的苟且，还有诗与远方’。‘罗小黑’就是诗和远方。”

在这只小黑猫的身上，他看到了纯真、柔软，能够感受到鲜活的生命力，正如当初的番剧所带来的感染力一样。在他看来，这部作品是有能量的，是能够真正打动人心的。如今，番剧的豆瓣评分高达9.6分、豆瓣开画评分8.9分、票房超过2.5亿……这些都证明了许亮的判断是正确的。

但是，对于以量化分析见长、CFO出身的许亮来说，做出这样的决定并不简单。他要感谢多年的行业历练，让他学会在一片模糊的巨大不确定性中，找到物体运动的轨迹，并且做出预测。

1998年从清华大学英语系毕业后，许亮加入了一家创业公司——永新视博的前身清华永新。回忆起当初的选择，他觉得，“这是误打误撞，也是命中注定”。

他是公司的创始团队成员，开始和另外几位清华师兄一起做“从零到一”的事情，处境十分艰难。“很长一段时间，我都需要和公司

文创
时代
的我

的一位副总共用一个办公桌，只有他不在的时候我才有机会坐在那儿。”说完，许亮爽朗地笑了，讲起那段艰难困苦的日子，他的语气已是云淡风轻。

十年后，该公司在纽交所挂牌上市。与此同时，许亮的身份也已经成为永新视博的联合创始人与集团 CFO。

又过了三年，他接到了一通哈佛商学院校友打来的电话，问他愿不愿意到一家娱乐公司担任 CFO 的职务。这家公司就是首家登陆美国纳斯达克的中国内地影视集团——博纳影业。

“我的脑海里迅速浮现出博纳影业那个蓝天白云的标志。”对于一直都喜欢看电影的许亮来说，这无疑是一个让他心动的机会。面对博纳影业抛出的橄榄枝，许亮毫不犹豫地接住了，成为集团的副总裁与 CFO。

这宣示着许亮与文创领域的正式结缘。对这个领域越了解，越觉得这是一块宝藏之地。

他开玩笑地说：“从那以后，我不仅要吃猪肉，也要看猪怎么跑，还得了解如何养猪。”

在博纳影业，他的前期工作重点是在资本运作层面，目标是把这家公司迅速送上纳斯达克；随后，他开始深入地参与公司影视项目的投资、预算等事务，并且主持组建了博纳影业的投资决策委员会。这个由博纳影业总裁于冬先生、董事施南生小姐、COO 陈永雄先生，以及许亮四个人组成的委员会，负责对公司的所有影视项目进行投资决策。

在近十年的影视投资实践中，许亮越来越觉得，不能将这条路想象成一条康庄大道，一个铺有红地毯、洒满玫瑰花的地方等着你去走。前面等待着的，必然是一条苦涩艰难的路，但是要学会“做时间的朋友”。

拿《罗小黑战记》来说，在完成作品的过程中，不论是导演还是制片人，都有一把辛酸泪，没有一个人是喝着红酒、从容地做成这件事情的。许亮也是如此。

之所以下定决心做好这部电影，是因为许亮心中的一份信念：“在这个世界上，绝大多数人只能做到因为看见而相信，但是我们作为专业投资人，希望做到因为相信才看见。”

看着这部电影离成功越来越近，他逐渐引进更多强有力的合作伙伴，淘票票、猫眼、B 站……很多人对此感到不解，在即将要赚钱的时候，为什么还要分一杯羹给别人呢？“因为我们看到了这个项目的价值潜力，也想让更多的资源方能参与进来，共同见证，或者创造这部电影的成功，共襄盛举。”

许亮始终相信，格局第一。先在有限的资源空间内做到极致，才能够在制作第二部、第三部甚至更多部电影的时候，把格局进一步做大。

就像他所说的那样，大部分人都是在看见之后才会相信。

当年，创作团队的用心让他决定投资；如今，电影的出色表现让他更加确信："当年我们所坚持的东西是正确的，以后也会继续坚持下去。"

"进入文创领域后，我发现这是一片蓝海"

2015年夏天，《西游记之大圣归来》开创了国产动画电影的新阶段，今年则是国产动漫的集中爆发年，贺岁档《白蛇：缘起》和暑期档《哪吒之魔童降世》都创造了很好的票房纪录。

国产动画电影的春天是如何到来的？

许亮介绍说，电影的产业链很长，包括研发、制作、发行、院线等很多环节，随着产业链的延长，相应的复杂度就会呈指数级增长。

"和真人电影相比，动画电影存在制作周期长的劣势，但是它的优势被很多人都忽视了。"许亮解释，"较长的产业链会导致不确定性的指数级增加，其中最大的因素在于人，明星、导演的人为因素都会为投资资金带来巨大的不确定性。相较而言，这就是动画电影的优势所在。它在创意无边的同时，将人的不确定性几乎完全规避开。"

此外，许亮觉得，国内二次元文化的崛起也是催生国产动画市场的主要推动力。"在中国，二次元文化原本是一种舶来的亚文化，但是对于95后、00后来说，二次元文化已经不再属于细分市场了，而是越来越成为一种主流。"在他看来，中国和日本的年轻人对于二次元文化的塑造有一些相似之处，但是中国的独特性也越发清晰，"中国的二次元文化正在找到自己的一席之地。"

“二次元文化之所以受到越来越多年轻人的喜爱，是因为寻找心理认同永远都是年轻人的潜在心理需求。”许亮认为，随着注意力的个性化、碎片化趋势不断加强，中心化的认知模式已经被打破，树立一个被所有人认同的英雄越来越难，每一个年轻人都需要寻找自己的偶像。

只有个性化的认知，才能够让人们找到自己独特的价值认同。许亮用井的比喻阐释这样的现象：“社会上布满了一个又一个井，每个人都待在自己的井底眺望天空。”

对于小黑的粉丝来说，这只小黑猫就在他们心中扮演着偶像的角色，他们可能会有很多偶像，但是内心永远都会有一块柔软的地方，留给这只从未改变的小黑猫。更为不同的是，与真人偶像相比，二次元形象让粉丝失望的概率更低。

对于电影来说，二维和三维其实只是方式的不同，并没有优劣之分。

只要是脍炙人口的电影都是好作品。从当下的电影市场来看，国漫已经成为电影文化中一份不可或缺的重要力量。许亮对此充满了信心："中国原创动漫正在崛起，未来一定会有更多符合中国文化的优秀作品如雨后春笋般出现。"

进入文创领域之后，许亮越发觉得，“这是一片蓝海，在这个看似只是由创意组成的行业里，受过理工科训练的人将会大有可为。”

在他看来，用户之所以愿意付费，是因为对体验感到满意，而只有产品才能够传递用户体验，创意本身做不到。“创意是产品中不可或缺的元素，一个没有创意的产品，就像一个没有灵魂的人，永远不会受到欢迎。”他举了个例子说，“就好像你面前站着一位大帅哥，他有190的身高、挺拔的身材和俊朗的外表，但是眼神空洞，你会爱上他吗？”创意的灵魂性作用不言而喻。

但是很多人会误认为，创意就是一切。在他创建合一资本之后，经常会有创业人士带着项目找他融资，并问他“为什么我的创意这么好，但总是挣不到钱？”每每这时，他就会回答说：“创意本身是不挣钱的，只有将其转化为产品才能够让消费者为之买单。”

所有创意公司的终极目标，都是创造好的产品。在产品范畴里，不论是电影、电视剧，还是综艺节目，都要符合产品的规律，只有依靠产品的竞争力才能够真正打动观众。

“文创领域的核心，就是要打造好的产品，而这正是我们大展拳脚的好机会。”许亮觉得，专业并不是发挥创造力的阻碍。《哪吒》的导演当年是在华西医科大学药学院学习，专业上和电影领域毫无关系，但是他所打磨出的作品一举创下了我国动画电影首日的最高票房纪录以及动画电影最快破亿的纪录。

“离开学校之后，专业知识并不是最重要的，专业训练背后的思维方式，带来的品格培养，才是产品成功真正长效的驱动因素。”许亮如是说。

“别人笑你愚蠢，但历史终将证明你是对的”

电影之外，许亮最爱的户外活动是越野。

他曾经和朋友在可可西里无人区自驾，用他自己的话来说，“不要命地玩了一次”。可可西里对于人类的开放区域十分有限，而且开放时间有严格要求。如果去的时间太早，土壤不够硬，车和人很容易陷入沼泽；如果去的太晚，就会遇到大雪封路，车辙印不复存在，道路两边又长又硬的荆棘就会隐藏在大雪之下，将车胎扎破。

“如果你在可可西里随心所欲，就一定会受到惩罚，”许亮笑了笑说，“一旦车胎被扎破，只能等待直升机来救援，而且只有人能逃命，车只能来年再取。”

他没有过多地描述可可西里的景色，因为对于他而言，看到何种风景并不重要，他所追求的，是那种不可随心所欲的探险的感觉。

“如果没有冒险精神，怎么能做好风险投资呢？”他风趣地说，“说白了，当年投资‘罗小黑’就是一次冒险。”

在制作过程中，他作为第一出品人，并没有因为投入大量资金而过多地介入剧本的创作。在许亮之前，《罗小黑战记》曾经与很多成熟的电影公司进行过沟通，但是他们都想对剧本创作进行很多干预，而创作团队因为不愿妥协，迟迟找不到资金支持。

但是许亮不同，他不仅快速地决定投资，而且还给予了创作团队极大的自主创作空间。

在他看来，别人的建议可能会使局部变得更完美，但是如果一个人身上有了很多补丁，精气神儿就变了。最后打动人心的作品，一定不是妥协的结果。只有发自内心的真挚表达，才能够打动一部分人，也许它是有缺陷的，但是一部作品永远也无法赢得所有人的欢心。

这种微妙的平衡，被许亮拿捏得恰到好处。

“做风险投资的人，必须要学会乐观，学会在众多不确定性中寻找确定性，不断地给自己心理安慰：‘这一定能行。’”许亮觉得，风险投资偏向于早期，99% 的可能性都是否定的，但是真正优秀的投资人就要从“危”中看到“机”，把“不行”变成“行”。

要想做到这样，技术层面的学习只是基础，而人文和品格方面的熏陶与训练才会让人走得更远。

工作 20 年以来，许亮发现，不论是何种行业，最后成功的那些人有不同的星座、不同的血型、不同的性格，但是他们有很多共同点。挖掘和培养这些共同点，就是大学教育的着力点。

对于文创人才的培养而言，执着品格的养成是关键。

许亮接受采访

他向我们讲述了华尔街投资人的故事——在曼哈顿南部的这条街道上，最成功的投资人大部分毕业于哈佛商学院、沃顿商学院和西点军校。前两所学校看起来似乎“名正言顺”，但西点军校的学生是凭借什么在投行里站稳脚跟?

许亮给出了他的答案：“那些在操场上的训练，不仅让他们的身体更加强壮，也教会他们在最困难时不要放弃，再咬咬牙就会熬过冬天、看到曙光。还有在战场上结下的忠诚文化，让他们不关注投机取巧得来的蝇头小利，而是成长为立得住的、大写的人。”

西点军校教给他们的，和商业没有关系，而是一种执着的品格。这种品格帮助他们在关键时刻撑下来，并坚持把事业做大。“坚持这种品格，路上很多人都会嘲笑你愚蠢，但是历史终将证明这是对的。”许亮的语气中充满了坚定。

小关：风口稍纵即逝，品牌永存

小关，清华大学经济与管理学院 2010 级本科生，关茶创始人。

她曾经在雀巢、香奈儿工作，在法国巴黎 ESSEC 高等商学院深造奢侈品牌管理期间，大胆休学后于巴黎蓝带厨艺学院学习法式甜品。随后，她赴日本学茶，寻找最好的抹茶，并于 2016 年回国创立品牌关茶。她也是畅销书《向前一步，就不再怕了》作者，2017 年入选福布斯中国“30 岁以下精英榜”， 清华校友总会文创专委会理事。

- 找到内心所爱，就活成了自己
- 疯狂追逐流量变现的时代，品牌更显重要
- 真正包容的环境，是能认可每个人的价值

2016 年年初，随着“关茶”品牌的创建，她将抹茶工艺从日本带到中国。准确地说，是让“始于唐兴于宋”的抹茶重新回到中国。

一路走来，她最开心的时光就是天天泡在产品研发室的时候，经过千百次调试，精心制造出抹茶牛奶酱、夹心抹茶巧克力、伴月圆流心抹茶月饼等多个爆款产品。她愿意将自己对于抹茶文化的理解和热爱注入每一款产品之中，因为“只有将创始人的情怀投入产品之中，才能让产品说话”。

于她而言，情怀从来不是一个矫情的词汇，而是一个关于行业良知的英雄梦想。更难能可贵的是，她不仅喜欢讲情怀，更能够将情怀融入产品之中，在一波未平一波又起的市场风口中，用心打磨着自己的品牌。

“有人说我们一路走来太顺利、发展得太快了，但我却觉得很慢很慢，但好在我们每一步都走得很扎实，让‘关茶’这个品牌能够真正立得住脚。”

她总是喜欢称呼自己为小关，一如她对待亲手创办的“关茶”品牌一样——虔诚而谦卑，勇敢而赤诚。

找到内心所爱，就活成了自己

“我并不是一个标准意义上的好学生。”在清华大学经济与管理学院读书时，大部分同学都会到投行、咨询公司等地方实习，而她的实习经历则更丰富，不仅去银行体验过，还在雀巢和香奈儿工作过。

本科毕业后，小关又回到了大三交换时曾经去过的地方——法国巴黎。在法国巴黎 ESSEC 高等商学院学习奢侈品牌管理专业时，她逐渐发现，这种环境并不适合自己。“我是一个对于自己不喜欢什么有着强烈感知的人，我很明确地知道，当时的生活不会让我开心，”她回忆说，“我曾经加入过创业团队，所以我十分清楚自己一定不会到别人的公司里打工，因为我喜欢按照自己的规则去做事。”

2015 年，中国的创业大潮强烈地冲击着国内与国外。身处法国的小关，仿佛透过手机就能感受到这种浓厚的创业氛围，看着一大批 O2O 企业拿到了一轮又一轮的投资，她感到热血澎湃，心中不安分的小火苗也开始按捺不住了。

她一直都非常喜欢厨房。当年在法国交换学习时，她就计划着，等自己赚够了钱之后要再次回到这里学习甜品制作，成为一名带给人快乐的甜品师。“本来以为可能要 40 岁以后才能实现的梦想，没想到来得这么快。”于是，小关办理了休学手续后，到巴黎蓝带厨艺学院学习法式甜品。

相对来说，这段时光是放松的，更是享受的。她不用再面临来自同龄人的压力，也不需要和身边人进行比较，彻底将别人的标准放下了。“一旦从统一标准的环境中出来之后，我好像什么都看开了，开始遵从于内心的自我去生活，而且非常享受这种状态。”提起这段惬意的时光，小关的语气中多了一丝温暖。

这次转变，让小关想了很多。于是，她注册了自己的微信公众号“清华女的巴黎学厨日记”，把自己的经历和想法写在微信公众号上，凭借着优质的内容和真挚的情感，迅速积累了大量的忠实粉丝。她有时写写自己身边的事情，有时也会讲讲新学的甜品配方，还有去日本学习抹茶的故事。

“当时，我看到很多人到日本旅游经常会在朋友圈晒出抹茶冰激凌、抹茶伴手礼的照片，正巧法国甜品界也慢慢开始转向使用东方食材制作甜品，所以我就决定跑到日本去看看。”在去日本之前，小关做了大量的功课，她了解到，抹茶最初诞生于中国唐朝，宋朝时发展兴盛并传入日本。可惜的是，抹茶工艺逐渐在中国失传了。于是，创建抹茶食品品牌的想法在小关心中更加炽烈，她希望能够通过自己的努力，让原本属于中国传统文化的抹茶能够重新回到中国。

她在日本拜访茶农，调研了多家抹茶品牌，拎了满满两大行李箱的抹茶原料。回国后，她拿着这些得来不易的原料，整天泡在研发室里做产品，并将整个过程分

享在微信公众号上，让粉丝们见证了第一款“关茶”产品——抹茶牛奶酱的诞生，无论上架500瓶还是1000瓶，3分钟内都会被抢光。

后来，她不断推出抹茶牛轧糖、抹茶坚果、抹茶生巧、夹心抹茶巧克力、伴月圆流心抹茶月饼等时尚零食，无论产品形式怎么变，她对于品质的坚持始终没有改变。伴随着淡淡的茶香，“关茶”的故事被越来越多的人所知晓。

直到今天，那段泡在研发室里调试抹茶新品的时光，仍然是小关认为最快乐的日子：“当我没有找到最想要的东西时，我活的是别人；找到自己的真正所爱时，就会慢慢接近自己的标准，活成自己的模样。”

疯狂追逐流量变现的时代，品牌更显重要

“在现在的中国，想要沉下心来做品牌其实特别难，因为大家都太急躁了。”小关希望将“关茶”打造成一个有情怀的品牌，在满足味蕾的同时，既能承载厚重的东方文化，又能够唤起大家的情感共鸣，而不仅仅是赚快钱的空壳。“如果一心想着赚钱、变现、扩张规模，而忘记产品本身，那么产品是没有灵魂的，只有把自己的情怀融入进去，产品才能够开口讲话。”她说。

她认为，做品牌最重要的就是能够坚持初衷，踏踏实实做好一件事情。在寻找投资的过程中，小关受到过很多质疑，“抹茶口味太小众”“制作成本太高”等杂乱的声音一直没有消停过。面对这些，她也有过迷茫，但后来便也慢慢想通了。

“中国市场上普遍缺乏契约精神，好像人人都不讲规则。恰恰在这个时候，建立人与人之间的信任就更加重要。”在“关茶”之后，

市面上紧接着出现了许多家主打抹茶类食品的品牌，但是经过两三年的市场过滤之后，留下来的只剩下“关茶”一家。究其原因，小关认为，基于抄袭和模仿的品牌是无法长久的，因为抹茶文化的输出和消费者的品牌教育还远远没有跟上扩张的速度。

尤其是直播热潮的兴起，让流量与变现成为很多人口中最常说的词语。看着直播大军们的“赫赫战果”，小关有所心动，但却一直十分克制和冷静：“直播和短视频发展起来了，好像所有人都能卖货，人人都能做品牌。但是品牌真的能通过这种方式建立起来吗？”她认为，品牌并不在于能够卖多少货，而是在于消费者在购买产品后能不能记得这个品牌、愿不愿意再次购买。

在她看来，做好品牌，核心还是要回归到产品本身。为了能够持续不断地满足顾客需求，小关每隔一段时间就会为顾客带来一些新鲜感。她通过不断推出新产品的方式，让消费者能够永远看得见“关茶”。

“现在处于流量爆发的阶段，大家都争前恐后地直播卖货，但是等这个风口过去之后要怎么办呢？大家可能会转型去做别的事情，在这个过程中，品牌被简单化了。”她始终强调，“一个品牌的成长是需要时间的，可以跟随渠道的变化做出适当的尝试和改变，但是做好产品永远都是根本，不论在何种环境中都要坚守住自己最初的想法。”

小关一直觉得自己很幸运。

从 2016 年推出第一款抹茶酱开始，“关茶”推出过多个爆款产品。她坦承，之所以能够成为爆款，不仅是因为对产品的用心打磨，更多的还是得益于自己生逢其时：“这些产品之所以受到大家的欢迎，并不是因为满足了消费者多么强烈的需求，而是因为此前市场上没有出现过，大家觉得新鲜罢了。”

当然，市场机遇为小关打开了抹茶食品的大门，但是经过市场的大浪淘沙之后还能够历久弥新，靠的便是她对于“关茶”品牌的坚守。

如今，信息获取越来越容易，创业的门槛也越来越低。小关发现，随着文化创意产业的兴起和发展，越来越多的创业者会用文化、概念或者是设计去包装产品，很容易为产品赋予文化属性，行业竞争也会越来越激烈。在这种环境下，做好一个品牌需要有持久的耐力和恒心。

回顾自己创业的经历，小关觉得，做品牌就像养孩子一样：“一家公司的品牌做得如何，只和创始人有关，品牌所体现的精神就是创始人所坚守的东西。”

真正包容的环境，是能认可每个人的价值

“如果想要培养更多创新型的人才，一定要对那些追求自己价值的人，给予认可。”小关认为，只有宽松且包容的环境，才能够让每个人都能够勇敢而骄傲地去做真正热爱的事情。

曾经在参加学院的一次活动时，小关受邀上台演讲。“我在发言中讲到，我大学四年一直都是一名不起眼的学生，成绩也不好、保研也没有成功，几乎没有任何人关注过我，我并不是清华经管学院的标准答案。”小关回忆说，在发言结束后，时任院长钱颖一教授对她说的一番话让她颇有感触，至今她还一字不差地记着，“你不是清华经管的标准答案，但你是一个很完美的答案”。

何为标准？建立标准的初衷，并不是要让所有人都沿着相同的轨迹前行，相反，是为了让不同的人都能够自信地找到自己的路。但可惜的是，大多数人都会错了意，曾经的小关也不例外。

读书时，她觉得好学生的衡量标准是优异的成绩、好的实习机会、出国学校的排名和发文章的数量。创业后，她发现社会上有很多比自己优秀的人，看着别人的公司发展得越来越好，而自己的公司却有着解决不完的问题。长此以往，焦虑、低落的情绪让她开始怀疑自己的价值。“后来我明白了，我是在用别人的标准来衡量自己，并且将它们内化为了对自己的要求，我被外部压力裹挟了。”小关觉得，“其实别人的标准并不重要，真正重要的是能够给自己建立标准的能力。”

在她看来，大家之所以将统一的标准奉为金科玉律，是因为“太想赢了”——既不想错过任何好处，又不想吃亏碰壁，于是大家就会在同一条路上争抢得头破血流，到头来连自己真正想要做什么都不知道。

如今，经常有想要创业的学弟学妹向她讨教经验。她常常会耐心地答疑解惑，并且意味深长地说："如果你真的想做一件事，哪怕我告诉你这是一个坑，你也会跳下去的，否则你就不适合创业。"

小关接受采访

在体验过成功、也感受过挫败之后，小关觉得，"慢慢赢也挺好的"。她认为，追求成功从来都没有捷径可走，别人的成功经验也无法复制粘贴，唯一需要认准的就是有"敢于跳坑"的勇气和"爬出坑来"的毅力。要想具备这样的能力，根源在于对于自我的探索和认可——清楚自己想要什么，并且认为自己的追求是正确的。在此过程中，是否拥有一个包容的环境就显得十分重要。

包容的环境应该是什么样子？小关给出了她的回答："如果有人穿着华丽的服饰在通往教学楼的路上翩然起舞，应该有人为她鼓掌，而不应该被认为是疯子。"

朱峰：价值的创造者与享受者

朱峰，星站 TV 创始人，清华大学新闻与传播学院 2009 级本科生，中华少年慈善基金大使，2017 福布斯“亚洲 30 岁以下 30 人”，清华校友总会文创专委会理事。

朱峰创办的星站 TV，专注于互联网短视频运营，成功为醉鹅娘、杨妈颠覆英语等短视频账号带来大幅流量增长，旗下大号 500 余个，粉丝量 1.5 亿，创新性地提出了“内容 + 运营 + 流量”的短视频运营模式。

- 思维颠覆：从漏斗式过滤到精准化触及
- 价值导向：制造流量，打造千人千面的短视频账号
- 梦想点亮：永远创造，永远探索

“你若要喜爱自己的价值，你就得给世界创造价值。”

在星站 TV 创始人朱峰身上，歌德的这句名言被阐释得恰到好处。

她常常开玩笑地用“过气网红”来形容自己，因为她曾在 2014 年开设优酷账号，借着足球世界杯的势头经营足球内容。她将自己在大学期间学到的社交媒体传播知识运用于实践之中，影像传播世界的大门从此向她敞开。

对于朱峰而言，创业不是目的而是手段。在她看来，自己享受了中国最好的教育资源，理应更多地释放自己的价值，让自己成为解决问题的人，让尽可能多的人实现自己的人生价值。看见自己能够帮助到别人，便是朱峰每天最大的快乐与享受。

大学期间的经历，让她逐渐看到了“从未看过的世界”，意识到时代赋予自己的使命就是要为处于困境中的人们解决问题。做一名具有创造力的探索者，是朱峰始终如一的追求。

采访当天，我们约在望京的一家咖啡厅见面。刚刚入秋的北京天气变化无常，傍晚时分，太阳还没有完全落山，一阵大风猛烈地冲撞着落地窗，窗外的几棵大树肆意摇曳。在稍显幽暗的灯光中，朱峰拿着一杯饮料不疾不徐地向我们走来。似乎外面的一切都与她无关。

她穿着纯黑色 T 恤和蓝色牛仔裤，头上戴着一顶白色的帽子，上面有一只粉色的独角兽。随着交谈逐渐深入，越来越觉得，这只粉色独角兽的形象就是朱峰的性格写照。

思维颠覆：从漏斗式过滤到精准化触及

创业，是朱峰从未预想过的，只不过是随着对社会现实的思考不断深入，她发现创业成为实现自己目标的唯一方式。

谈及创办星站 TV 的最初想法，她十分简洁地回答说：“是时代趋势的要求，我要在这个趋势中创造价值。”

2009 年夏天，朱峰进入清华大学新闻与传播学院读书。那时，新媒体研究是一个新鲜事物，朱峰对社交媒体传播领域的兴趣也愈发浓厚。上学时，她研究校园话题的传播；毕业后，她亲自到视频网站上进行实践。

2014 年年底，朱峰与合伙人创办了星站 TV，开始从视频网站发力，在优酷土豆爱奇艺等平台上开始尝试。当年正值第 20 届世界杯足球赛，在这一体育盛事的带动下，身为足球爱好者的朱峰在优酷视频上开设了一个账号，向大家介绍足球内容。正是因为这段经历，她经常用“过气网红”来形容自己，尽管许多人对于“网红”颇有微词，但她并不在意他人的评价，用她的话来说，“只要做的事情是对的，时间总会证明它的合理性。”

在运营账号的过程中，朱峰逐渐发现，粉丝并没有沉淀在自己的账号上，而是更多地活跃在 QQ 群、百度贴吧等平台上。“这意味着视频网站的粉丝来源与沉淀存在很大的偏差。”意识到这一问题后，她并没有放弃探索，而是决定在影像

「文创时代的我」

传播领域进一步深入。

后来，朱峰偶然在网上看到了一条“吃虫子”的视频传播量很大，追根溯源之后发现是这是一位农民在快手上发布的短视频。“当即我就下载了快手，”她回忆说，“我发现快手的数据非常有意思，粉丝粘度大，而且它所展示的中国多数人的真实生活。”在朱峰看来，与视频网站上制作精良的 PGC 视频内容相比，快手所传递的才是影像传播的使命——赋能于所有人。

在短视频发展潮流中，她一直思考，自己到底能够创造什么？“视觉传播是社交媒体发展到现在的一种阶段性终极形态，因为 5G 等技术的发展，让影像可以不断延展，充满了无限的可能性。”朱峰对星站 TV 的定位十分明确——不是一家短视频公司，而是流量公司。

与其他的内容公司不同，星站 TV 十分强调数据分析和系统化运营，通过将内容与运营操作上的几百个维度做 A/B test，并经过内部的赛马机制，探索视频和账号能在快手上涨粉、上热门的方法论。

朱峰觉得，算法分发是短视频在触及用户的渠道，只有将不同短视频平台的黑箱弄清楚，才能够真正实现制造流量的目标。最让朱峰自豪的，并不在于她创造的流量池有多大，而是在于流量的精准化，并且能够通过流量实现品效合一。

她向我们展示了两个案例。知名红酒短视频账号“醉鹅娘”是星站 TV 合作快手账号，在与星站合作后，一条酒野格圣鹿力娇酒上新的视频，在 15 个小时清空了四次库存。

“我们获得了一套流量获取和变现的方法，目标就是让所有企业实现品效合一。”朱峰说，“我们正在重新定义广告行业的规则。”在过去，品效分离是广告行业的特征与弊端，品牌部主要负责广告投放，但是对于市场销售的转化率并不关心，而这正是朱峰想要打破的传统广告业规则。“我们可以使品牌设计、渠道和产品设计三者在同一个环境下实现，真正实现品效合一。”在朱峰看来，只有能够转化为市场销售增量的流量才是真正有价值的。

“大流量并没有什么了不起，我们要帮助客户寻找的是‘我的流量’。”朱峰认为，明确获取流量的目的是最重要的，未来将会进入分布式流量多节点传播的时代，只有精准流量才能够实现有效的传播效果。她介绍说，之前在快手上有一个粉丝数在一万左右的账号，虽然粉丝量不大，但是在一场三小时的直播中，成功卖出了 20 台拖拉机，一台拖拉机的价格为 40 万。“要想获取精准流量，首先要熟悉算法规则，以确保被算法准确地识别标签，在此基础上，再在内容上下功夫，让看到的人能够喜欢你。”在朱峰看来，过去先把漏斗做大，然后再过滤筛选出核心用户的广告法则已经不再使用，只有准确流量才是高效的。

价值导向：制造流量，打造千人千面的短视频账号

创业五年，朱峰在短视频运营方面逐渐总结出了新的行业规律，

「文创
时代
的我」

提出了“内容＋运营＋流量”的短视频运营模式。

“这个模式听起来很高端，但是对实际操作的要求非常高。就像是一枚多级火箭一样，每一个环节都必须要保证质量，只要一个环节出现问题，整个产出就会受到影响。”在星站 TV，所有环节的质量得以保障的核心因素在于人。

“只有人，才能让改变发生。”在朱峰心中，与技术和运营能力相比，只有人才能决定行业的天花板有多高，只有依靠人的创造力，才能不断拓展市场边界。

朱峰希望，星站 TV 的每一个人都能成为“另一个她”，成为她的延伸。只有这样，才能够让大家在体面生活的同时，收获思想上的自由，才能够形成一支坚不可摧、指哪儿打哪儿的队伍，一起携手在短视频赛道上创造自己的价值。

对于这个平均年龄只有 23 岁的年轻化公司而言，制造流量的能力是核心。

朱峰一再强调：“星站 TV 并不是一家 MCN 公司，而是处于短视频生态中最底层的位置，我们通过一套制造流量的方法论，帮助短视频账号实现他们的梦想，打造出千人千面的短视频生态，而非千人一面。”

例如，星站 TV 合作的“甲子光年”账号的用户画像是很特别的，都是对于科技媒体感兴趣的人群。在为该账号导入流量的过程中，星站 TV 并不是向账号所有者提出要求，而是通过对她的观察和分析，将她最宝贵的东西提炼出来并展示给大家。“她只需要展现自己，而不是扮演我们设定好的角色。”朱峰如是说。

之所以取名叫“星站”，是因为朱峰觉得，所有短视频账户的拥有者就像一颗一颗的星星一样，闪闪发光、熠熠生辉，而她的使命就是为这一个个站点提供更多的能量，让他们更加璀璨夺目。

不论是以音乐创意短视频为特征的抖音，还是记录生活的快手，在朱峰心中，为所有素人提供走红的机会是短视频平台为现代生活带来的最大改变。“如果只关注短视频上的头部账号，那就把影像传播这回事儿做小了，毕竟李佳琦和 papi 酱只是凤毛麟角且无可复制，”朱峰说，“对于更多人而言，成为风靡全网的大网红并不是最终目标，而是要成为所在领域具有影响力的人。”如今，短视频正是可以帮助每一个普通人快速获取注意力资源和商业资源的途径。

“这就跟开餐馆一样，因为大家对于饮食的需求是细分化的，而不仅是填饱肚子这么简单，对于口味、风格、功能等都有不同的要求，所以遍地都是餐馆，而且家家都有生意做，因为人们如果求快就会去麦当劳等快餐店，而想要享受精美食物时就会到大董餐厅。” 在朱峰看来，找准自己的细分领域十分重要，只有在对的领域才能创造出对的价值。

如今，短视频行业已成为热门领域，多家企业纷纷抢占市场和流量。朱峰认为，在如此龙争虎战的环境中，持久力是决定一个短视频账号能否走得长远的关键因素。“真正难的，不在于出奇制胜，而是日拱一卒。”她觉得，只要找准自己的定位，坚持下去一定会有长足的收获，因为 99% 的人都因为中途难以坚持而选择放弃。“等到对手都自我放弃了，那你自然而然就成为这个领域中唯一的账号。”朱峰笑着说到。

对于她自身而言，从创办星站 TV 至今，她始终展现着“日拱一卒”的持久耐力。从当年的“足球网红”转向创业，是因为这只是自己的小愿望，而应该让更多人因为自己的能力和价值而受益。“佛家有一个词叫做‘发大愿’，意思是说，能帮助多少人就能够创造多大的价值，所以我给自己许下一个足够大的愿望——希望更多人在我的帮助下实现自己的价值。”朱峰逐渐收起了嘴角的笑意，眼神中透露着一份笃定。

梦想点亮：永远创造，永远探索

回想起自己在清华四年的学习时光，朱峰说：“新闻与传播学院给我的教育，最重要的不是采写编评摄的技能，而是让我认识到‘原来中国是这样的’。”

在学校和学院的鼓励与支持下，朱峰在大学期间和同学们不止一次地到基层去、到乡村去，在社会实践中采访农民，并把他们的困难处境报道出来。有一次，朱峰到八家村采访，看到“蚁族”拿着一块

纸板，上面写满了“救我帮我”等字眼，似乎在等待着救世主的降临一般。这幅图景让朱峰心中产生了深深的无力感。

她心中有一个巨大的疑问，用她的话来说，“这个问题已经快要把脑袋撑破了！”她十分困惑：“仅凭一篇文章就能够改变一个人的命运么？怎样才能解决他们的问题，让他们脱离困境？”

思考良久之后，朱峰觉得，只有创业才是解决自己困惑的唯一办法。尽管当时的她并不不知道能不能创业成功，但她十分确定的是，创业会让她离目标更近一些。就像甘地的那句名言一样，“Be the change you want to see in the world”，只有让自己改变，才能改变这个世界。

最初提出创业想法时，朱峰的家人并不支持。“不过，不支持也没办法”她爽朗地笑了，然后将其中的缘由娓娓道来：她的妈妈是一名医学教授，每当有病人被医治之后都会由衷感到幸福。她告诉妈妈：“我和你一样，都是用自己的能量创造价值。在时代发展大势之下，我有足够多的机会，而且我足够聪明、足够努力，一定不会差的！”就这样，她打消了家人的后顾之忧，信念坚定地走上了创业之路，将自己的创造力发挥到极致。

“It was like a calling. 这就像是一种召唤，让我感觉创立星站 TV 就是我应当承担的使命，就像是妈妈精耕于医学研究、体育健将为国争光一样，我们都在努力成为这个领域的改变者。”朱峰的心中一直坚信：自己一定能做成。

这种信念的养成，离不开在清华四年的学习，在这期间，她看到在五环以内精致生活之外，还有一个之前从不知晓的世界。正是这样的经历，让她不断思考、探索，并最终找到了自己的位置。“清华的教育不是为了培养某一工种，而是点燃每一位学子内心的渴望。”朱峰说，“我在毕业时，从没有想过要找一份赚钱的工作稳定地过一辈子，而是想要积蓄能量，找到一个足以撬动更多能量的杠杆。”

朱峰一直将“心怀天下”的担当铭记于心，始终牢记着“选择清华就选择了一生的责任”，她的人生目标不是为了自己而活，而是要为这个世界和这个时代创造价值。

就像《小王子》中的一句台词一样——如果你想做一艘船，不要召集大家搜集木头，不要给他们分配任务，而是要教会他们对浩瀚的大海心生憧憬。

“大学教育就是要让大家向往大海。”朱峰说，“老师们将大家的梦想点亮，在他们心中埋下一颗颗种子静待发芽，让每一名学生都能够成为具有创造力的探索者。”

朱峰接受采访

如今，她每天最大的快乐就是看到自己的价值能够真正帮助到别人。直到现在，她还会因为短视频直播中的温暖画面感动流泪。在她看来，短视频应当是传递价值、传递能量的，而她做到了。

在这个充满变数的时代中，心中梦想的光亮在指引着她，不断地释放着自己的创造力，一步一步地接近自己的目标。她奋斗着，也享受着这种创造价值的快乐。

她帽子上的那只粉色独角兽形象，是一部名为《My Little Pony》动画片中的角色。她生活在一个充满幻想与神奇、有惊险与欢乐的童话世界，和其他小马驹彼此帮助、共同成长，是智慧、勇敢与温暖的形象。

朱峰也是如此，她努力创造着价值，希望让世界变得更加美丽和善良。

陈兴：用设计装点生活 以服装创新文化

陈兴，彼伏品牌创始人、设计师，清华大学建筑系 2002 级本科生。

他曾致力于文化遗产保护的相关建筑设计工作，并曾在香港建筑事务所工作，后赴意大利米兰深造。2013 年，陈兴创办彼伏品牌，将中国古典美学和现代服装设计进行融合，兼具优雅内敛的中国传统文化审美与简洁现代的国际化设计，品牌定位于高知、独立、自信的中国都市消费群，曾获得 2014 年北京时装周获得最佳原创设计师奖等奖项。现为清华大学校友总会文创专委会理事。

- 身份在变，目标始终如一
- 做有文化内涵的中国奢侈品牌
- 找准自己的赛道，蓄势待发

作为一名西安人，陈兴从小对于中国传统文化情有独钟。无论是学习建筑专业，还是改造传统古建，亦或是创办彼伏时装品牌，他擅长打造空间，也沉醉于传递美的体验。他所关注与诠释的，始终都是文化符号背后的民族性格与精神底蕴。

“以现代品牌理念对传统文化进行创新化表达的中国奢侈品牌”，是陈兴对于彼伏的市场定位。进行服装设计时，他极力反对文化元素简单粗暴的堆砌，而是强调时间的沉淀、思想的深度。

在他看来，优质时装品牌不能依靠营销噱头，而在于对文化的阐释与理解。

身份在变，目标始终如一

“跨界”，是陈兴身上最显著的特点。他是清华大学建筑系毕业生，曾经从事古建保护工作，现在是一名时尚独立设计师。

“我之所以选择建筑这个专业，并且在本科毕业后选择到香港建筑事务所工作，是因为我非常喜欢设计。”当身边的同学们纷纷申请国外硕士项目时，陈兴干劲十足地跑到香港开始工作，热忱地期待着将自己的设计转变为实体建筑。但是，现实与理想却存在着很大差距。他回忆说：“当时正处于房地产行业较为繁荣的时期，我们主要进行酒店和高级住宅的设计工作，整体非常商业化，也比较偏向于生产型模式，周期长、投资大，但是创意的成分却很少。”

在这份工作经历中，陈兴意识到，在传统的建筑行业中，设计师更多扮演着管理者与协调者的角色，需要明确并处理好多方利益群体的关系，发挥创意的空间微乎其微。“但我真正热爱的是设计，并不拘泥于具体的某一行业。”陈兴说，“建筑行业的周期太长，容易把我的热情消磨掉，所以我适合从事频率较快、短时间内能够看到成效的工作。”带着这样的自我判断，他果断地选择辞职，并且前往意大利米兰进行学习与探索。

在这个充满时尚文化气息的地方，陈兴的视野被再次打开。

由于意大利的设计人才相对饱和，所以设计专业的学生在毕业后通常会进入时尚、陈列、平面、家具等多个行业，建筑领域并不是唯一的选择。于是，陈兴也开始寻找自己的方向。当时 2008 年奥运会刚刚结束，中国在国家社会的关注度迅速提升，在政治经济领域所取得的成就也被各国认可称赞。但是，文化领域的空白却成为一个亟待解决的突出问题。“提起文化、艺术，大家通常会想到日本的大师、欧美的大师，但是中国给人的印象就是代工、廉价和粗糙。”

与此同时，米兰街头的奢侈品橱窗也让陈兴产生了更多思考：“他

们能够做出影响世界的品牌，是因为他们十分尊重并珍视自己的民族文化，并且用现代审美的方式赋予传统以活力。”他进一步举例阐释说，英国 Burberry 风衣在奢侈品中具有极高的知名度，这种设计主要受到英国温带海洋性气候的影响；而意大利的服装风格强调饱满、立体，这与整个国家的建筑特点和民族审美都是一脉相承的。

他进一步反问自己：“中国有历史悠久、韵味深厚的传统文化，也有非常成熟的加工生产链，为何不能在时尚领域做出享誉全球的奢侈品牌呢？”带着这样的疑虑，他开始了更加细致的考察与分析，最后他自己找到了答案：“国内服装生产大多采用传统工厂生产模式，缺乏品牌思维与文化理念。”

于是，基于自己对传统文化的热爱与积累，陈兴决定回国创立自己的时装品牌，力图以服装为载体，通过现代化设计与加工工艺，让中国传统文化传遍世界。

“这件事情很难，但我希望自己能够成为第一个做这件事情的人，因为没有第一个就不会有更多个。我相信，之后会有越来越多的设计师从文化的不同角度切入，中国文化一定会被更完美地呈现给世人。”2013年底，彼伏品牌正式成立。

做有文化内涵的中国奢侈品牌

在陈兴看来，服装设计是一种表达民族性格的方式。

“受到传统文化的影响，中国人比较偏爱低调内敛的审美。作为设计师，我们的职责就是通过设计的方式去传递这种文化品位，并且还要满足不同社会角色对于服装的功能性需求。”陈兴介绍，服装设计的创新没有唯一答案，而是像魔方一样，每一面都有不同的颜色，只要卡准了就会大放异彩。

在开发设计彼伏品牌的服装时，陈兴从文化元素的选取、面料挑选和剪裁工艺等方面都进行了尝试，最终将彼伏定位为“以现代品牌理念对传统文化进行创新化表达的中国奢侈品牌”，希望能够让传统文化融入现代生活中去。

对于奢侈品，陈兴也有着自己的理解：“所谓奢侈品，不在于价格，而是意味着要付出更多的时间，有更多人文和工艺上的投入，从而生产出具有精品品质的产品。”他希望服装不仅能够提供遮身蔽体或者保暖防寒的功能，还要满足大家的文化消费需求。

为了实现这样的目标，陈兴的秘诀在于对创造力的追求。

他的性格极为随性，注重创意与灵感，也强调对于美的感受。他

不仅深入挖掘壁画、古建筑等传统文化元素，也不断尝试新技术、新材料，推出的每一季新品都具有鲜明的特色，造型与配色均有亮点。在市场层面，他没有将服装铺到买手店销售，而是发挥专业特长，通过打造实体空间呈现完整的品牌形象。他所希望的，是能够让消费者亲身感受服装背后的文化体验。

近些年来，中国文化符号逐渐走出国门，越来越多的国外品牌也开始推出中国元素的系列服装。对此，陈兴也有着自己的看法：“其实很多品牌只不过是打着中国文化的旗号，简单粗暴地对一些文化意象和符号进行拼贴，他们所追求的是一种博眼球式的异国风情，缺少对中国文化的阐释。”

他觉得，只有中国人，才能够真正理解中国传统文化的底蕴，并对其进行恰当的演绎，因为“这是流淌在我们血液中的东西”，是一种内化的精神气质，简单的嫁接移用无法体现文化内涵，并不能也很难在其他文化语境下进行表达。

“不能把中国文化当做一种营销的噱头，而是要将其视为品牌的价值观，需要持续不断地去打磨、演绎。”凭借这样的初心，彼伏作为一个初创品牌，已经赢得了一众消费者的青睐，这也再次证实了陈兴的判断：“好的产品，一定是能够被认知的。”

但是，时装行业的竞争向来都是十分激烈的。建筑专业出身的陈兴，在服装设计与空间打造方面一直都游刃有余，但是在渠道对接方面却面临着一些困难。“国内的商业环境普遍秉承着国外品牌优先的原则，在客流比较好的大商场里，一层、二层的有利位置几乎全部都是国际品牌入驻，看不到中国品牌的影子。”陈兴认为，“中国品牌缺少一个证明自己的机会。”

面对这种现实困境，陈兴选择了“曲线救国”的方式。在申请入驻王府中环时，他首先通过 pop-up store 的方式进行服装售卖，取得了不错的效果，事实证明彼伏品牌与该商场客流需求匹配度较高，最终一举拿下商场二层的固定店铺，实属难得。

“但是我们拿到的租期比较短，无法进行长线的空间打造规划，整体店铺形象就很难和服装风格统一起来，这对于我们新品牌而言也是一个大难题。”陈兴笑了笑说，“不过，创业就是需要解决一个又一个的问题，这是常态。”

彼伏品牌创立已有六年时间，在这段旅程里，陈兴身上的那份随性与浪漫，使他具备成为一名出色设计师的天赋，而为人处世中的那份稳健与务实，也让他能够扮演好管理者的角色。

找准自己的赛道，蓄势待发

“彼伏”，是陈兴非常喜欢的两个汉字，及充满了对于“到达彼岸”的美好期待，也蕴含着一种“蓄势待发”的力量。这既是他对于彼伏品牌的期许，也是对于自己的鞭策。

在他看来，真正的奢侈品并不在于价格昂贵，而在于它所传递的文化品位。一个真正立得住的优质品牌，需要时间的积累与沉淀。“即便是天才，也需要通过持续的创造性输出，才能够让脑海中的图景慢慢变为现实。我从来没有期望彼伏能够通过一件衣服、一季新品，或者是在一两年的时间里就能够成为国际大牌，因为这不是一件一蹴而就的事情。”谈及未来的发展规划，陈兴的想法足够坚定、足够务实，他能够想象到今后会面临更大的挑战，但他从不畏惧困难，也从不缺乏迎难而上的勇气。

他强调时代性对于品牌塑造的重要性，认为不仅要对中国传统文化进行深度挖掘，更要通过创新的方式为其赋予新活力，只有具备了这个时代应有的创造力，才是一个有价值的品牌。

陈兴接受采访

尽管陈兴的身份发生了变化，人生轨迹也有很大转变，但他始终自己的赛道上努力奔跑。

最初将前门大栅栏朱家胡同 9 号的清朝古建筑改造为彼伏工作室时，不仅为他设计的时装打造出完美的呈现空间，也为这个品牌带来了极高的曝光度和认可度；他还运用之前从事酒店开发的经验，对整个院子进行了收益上的规划，并取得了不错的收入。在运用中国传统文化元素时，他不仅采撷秦汉唐时期的艺术作品，也充分调动自己在古建、非遗方面的长期积累，让每一季新品服装都具有十足的结构性与流动感。

“回头去看，我之前的积累都没有白费，而且为我现在的事业积攒了有力的竞争优势，让我能够持续不断地释放能量”陈兴总结说，“归根结底，是因为我的每一步选择都忠实于自己的内心感受，始终没有偏离自己的赛道。”

广泛涉猎、夯实基础，是陈兴发展至今的成功法门。他认为，作为独立设计师，想法与创意十分重要，但是仅凭天马行空的想法是无法一步登天的，只有通过不断地积累、实践，才能够逐渐练就从事文化创意工作所需的专业素质与综合能力。

回想起过往的经历，他仍然对曾经在教室里熬夜画图的感受记忆犹新，也十分庆幸自己曾经在文化遗产保护领域和建筑事务所工作过，“这些已经内化为我自身竞争力的一部分，让我成为一名真正跨界的时尚设计师。”他说，“正因为此，我才成为现在的模样。”他勉励在校大学生珍惜校园时光，注重早期积累，在打好专业基础的同时，还要广泛汲取人文历史类知识，在找到自身的兴趣点之后，就要朝着这个方向一致努力下去。

正如他对彼伏品牌的希冀一样：“我的目标就是要做成具有中国传统文化底色的中国奢侈品牌，这意味着我还有很长的路要走、很多的困难需要解决。要想实现这一长远目标，没有捷径可走，只有沉下心来积蓄力量，才能够到达彼岸。”

于仁国：连接身边的创业者，让创意更有力量

于仁国，清华大学物理系 1996 级本科生、MBA2004 级，魔豆投资创始合伙人、梦之城联合创始人。

魔豆投资专注于文化创意、体育、旅游、休闲娱乐、教育等泛文化领域初创期公司，依托“投资＋孵化”的理念，致力于打造集创业投资、创业辅导、融资服务、产业链资源协同于一体的创业投资孵化平台。梦之城主要运营“阿狸”、“罗小黑”、“皮揣子”和“杏仁儿”等知名原创动漫形象。于仁国在文化创意领域成功发掘和孵化十几家优秀创业团队和创作者并对其进行早期投资，在投融资、创业公司管理运营、创业团队建设、品牌授权、组织裂变、商业资源及产业链整合方面拥有丰富经验。

细数近年来的现象级文创 IP，“阿狸”是一个标志性的存在。

“阿狸”教父于仁国也逐渐成为文创领域的新锐焦点——他为梦之城构建了多 IP、全产业链的生态系统，潜心打造梦之城堡；他活跃在创业者培训课堂上，讲授创业与投资、创业团队管理、品牌授权、文创赋能等课程；他创办魔豆投资，发掘文创领域的优秀创业项目，主持创业者访谈节目“朝上谈”；他的创业经历被写进清华经管学院的商业案例。

他的创业秘诀是什么？哪些特质让他在文创领域熠熠生辉？

喜欢不断尝试新鲜事物、敢于承担——这是于仁国给出的回答。

天生的创业者

“如果不让我创业，我都不知道要做什么。”对于仁国而言，创业似乎是一条必走的路。

于仁国身上带着与生俱来的创业基因——祖辈闯关东到辽宁的一个小县城安家，父亲 20 岁时到北大荒闯荡，曾经去过大兴安岭和内蒙古，做过木工、车工，每年过年回家的时候，父亲一定会背着一麻袋的粮食，这就是最好的年货。

1977 年，于仁国出生。当时，父亲是一家机械厂的工程师，每月的工资大抵可以维持一个家庭的生活开销。80 年代初期，改革浪潮席卷全国，父亲放弃了工程师的工作，回到家乡创业，在家中的院子里建了养鸡场。养鸡场的气味成为他童年里的一种独特记忆，他曾经和父亲一起去买鸡崽儿、和母亲到市场上卖鸡蛋，父亲还被评选为县里的养鸡专业户劳动模范。

他曾经问过父亲，为什么要放弃稳定工作去养鸡，父亲回答说，因为每年养鸡的收入有 2000 多块钱，可以让一家人过得更好。

1984 年是中国现代商业的元年，也是改革开放以来的第一次创业高潮点，创业大军风起云涌。这一年，父亲用养鸡赚来的钱开办了一家机械加工厂，于仁国的青少年时期就是跟着工厂一起成长起来的。尚且年幼的他并不懂得创业意味着什么，只是觉得“父亲经常出差不在身边”。

在创业家庭中长大，于仁国身上有着突出的创业者属性，即便是在他对于“创业”还没有什么概念的时候，这些特质就已经逐渐显现出来了。

1996 年夏天，于仁国进入清华大学物理系学习，他们是被互联网冲击的第一代人，一批大学生创业明星如雨后春笋般迅速发展起来，许多同学都开始尝试创立门户网站、研究液晶显示。那个年代，做家教、

做网站是大学生们最常见的兼职工作，但是于仁国和室友多了一种选择的方式。

他们一起买了一台激光打印机并对外经营，取名“310PrintClub”，定价一块钱一张，这在当时可以用“爆款”来形容，因为其他的打印店基本上还是用喷墨打印机，定价两元一张。经营了一段时间之后，他们逐渐明白了“挣钱”是怎么回事，脑海中对成本和利润也有了概念。小小的打印室承载了这帮年轻大学生的创业情怀，同宿舍的六位同学中，现在有四位在进行创业。

本科毕业后，于仁国先后在电讯盈科和鼎新信息系统工作了四年。2004 年，他重新回到清华读 MBA，毕业课题的研究方向为创业和风险投资，并在毕业后加入纪源资本，每年都要和数百个创业者见面，在讨论商业计划、尽职调查、行业研究、参与公司管理的过程中，内心中对于创业的渴望再一次被唤醒。

“我是一个喜欢做事的人，只有在工作中才能够慢慢认识自己。”在风险投资公司工作四年之后，于仁国决定要自己创业。

“父辈人创业是为了生活得更好，不再挨饿，更多是从谋生的角度出发，”他说，“但是随着创业环境越来越好，我们这一代人对于创业的理解就变得不一样了。”他觉得，70 后有一种“理想”情结，而他的理想就是“成就一家伟大的企业，为社会带来更多的美好”。

他始终觉得，自己走上创业这条路是注定的，“我就是为创业而生。”

跟问题过日子

“如果我是创业者，我能不能做得更好？”

“如果我面临这样的困境，我会怎么解决？”

做投资经理时，于仁国见过很多家创业公司，也见证过这些公司的困难时刻，对于创业的思考也越来越深入，想要创业的想法愈加强烈而迫切。他开始思考自己的未来，不断寻找合适的行业和时机准备创业。

2009 年前后，他持续关注着互联网、游戏、动漫行业的发展，做了大量的调查和研究。一次偶然的机会，在校友的介绍下，他认识了“阿狸”的创作者徐瀚，两人都认为动漫行业孕育着巨大的机会，对公司未来发展的想法一拍即合。于仁国坚信，梦之城必将成为自己理想中的那家“伟大的公司”，成为动漫行业的一个优秀本土品牌。

正式决定加入梦之城时，于仁国就对公司的发展有了清晰的规划，包括创始人队伍的搭建、团队管理、IP 孵化等等。“这是投资人天然

文创
时代
的我

具备的属性，”他说，“投资讲究‘谋定’，一定要谋划好之后再开始做，如果最后没有成功，一定是因为没有做好。”

于仁国觉得，比起做一家公司，创业更多的是一种精神。读书时，他对于计算机和经管类的课程感兴趣，于是便经常跑去蹭课；工作后，他很快从被需要、被安排工作的状态，转变为主动去选择工作；从“码农”变为管理者，如饥似渴地学习，他发现自己的知识体系不够，于是选择重新回到学校读书学习。

“以创业的心态去工作和学习，能够最大限度地调动自己的能力和精力，拥有强烈的自我驱动力，才能‘成事儿’。”于仁国说。

在他眼中，一个好的创业者不是胆子大、敢冒险，而是天生敢承担，遇到什么事都能拍着胸脯说“有我在”，不管结果是成功还是失败，都能扛得住。

创业的过程中，无数的困难接踵而至。在梦之城发展初期，资源短缺、人才匮乏是主要困难；成长到一定阶段之后，如何提升管理能力，加强企业文化建设，调动每一个人的积极性则成为新难题；而文化行业普遍面临的产业链难以打通的问题则是更大的挑战……这些都要求管理者和创业者不断学习成长。

在出现困难和克服困难的循环往复过程之中，于仁国心中无数次想象过的“梦之城堡”越发清晰。2016 年 5 月 20 日，北京梦之城文化股份有限公司在新三板成功挂牌，成为一家公众公司，治理结构更加规范化、透明化。

于仁国喜欢不断尝试新鲜事物和强调决策能力。在他看来，创业的魅力正在于此。

“在创业的过程中，判断力和决策力是核心竞争力，只有经历过无数次的成功和失败才能逐渐形成。”他认为，创业者的核心能力和素质的成长是创业企业发展的重要基础。

创业者每天都面临挑战，而通过决策战胜挑战的过程，就是在成长。“一个决策如果成功，可以收获自信——对于自己判断力的自信；如果失败，收获可能更大——从失败的教训中得到更大的警示和成长动力。”于仁国这样定义决策成败的意义。

在于仁国眼中，创业者的担当不仅体现为解决困难——他们见招拆招的能力强，不管多么困难都要想办法做到；还体现为扛得住压力——有很多问题是解决不了的，要学会跟问题过日子。

让创意更有力量

在运营梦之城的过程中，于仁国逐渐意识到，只做产品、只做一个 IP 是远远不够的，于是，他通过内部孵化和对外投资的方式，为梦之城打造了多 IP、全产业链的生态系统。尽管这个生态系统是开放的，但是对外的连接仍然有限。“如何让更多的创业者囊括其中”成为他思考的问题。

于是，他开始组建社群，将身边的文创领域的创业者聚集在一起。

他用“网络效应”来阐释自己的构想，将文创领域的创业者看作节点，当他们连接在一起时，随着互动和交流越来越多、越来越深度，就会形成超乎想象的涌现效应。

如今，于仁国又创办了魔豆投资和魔豆朝上两家公司，通过投资文创项目，组织创业者活动，举办品牌授权、文创赋能、创业与投资课程等培训项目的方式，不断强化文创领域创业者之间的联系，在文

「文创时代的我」

创领域构建一个更庞大的网络系统。

2019 年 1 月 25 日，他主持的节目“朝上谈”第一期在喜马拉雅正式上线。

“找寻身边的创业者，我们一起朝上谈。”伴随着于仁国沉稳而富有磁性的声音，文创领域的创业者们将自己的故事娓娓道来。“朝上谈”，是于仁国创办的一档专门针对创业者的访谈节目，节目名字取朝气和向上生长之意，极具文化行业和初创企业的特征。

他觉得，投资人能够给予创业者的帮助是在资金和经验方面，但是个体的能量是非常有限的，而群体的智慧则是十分巨大的。于是，他通过访谈、组织活动等方式，不断拓宽创业者的联系维度，让创业者不仅“认识”，而且能够“共鸣”。

“文创社群不是单向的，也不是功利的。”于仁国亲自担任微信群的群主，严格审核每一位申请入群的创业者，不允许群内出现广告，“只有优秀的节点加入，我们的文创社群才能够有源源不断的能量产生。”

他将魔豆朝上的使命定义为“连接优秀的文化创意团队及创业者，促进其在创新创业方面持续学习和成长”，而“文化创意产业的创业者连接人”是他对自己的定位。

于仁国认为，好的创业者既不是天生的，也不是培养出来的，而是“长出来的”。“就拿我自己来说，从小在创业环境中成长，喜欢折腾，爱扛事儿，所以注定走上创业的道路。”他觉得，每一位创业者都有自己的成长路径，在不同的成长环境中沉淀出创业者特质，进而在各自领域内成就一番事业。

于仁国接受采访

“创业不能在课堂上教出来，要提供各类资源、为大家提供学科交叉的机会、营造创新环境，才能够让真正适合创业的人走上创业之路。”和当年读书时的情况相比，于仁国十分羡慕如今清华校园中的各类社团组织、创业大赛、挑战杯项目、X-lab 等创业条件和创业空间，还有各种创业相关的课程。他说，“大家在校园里就对创业有着或多或少的接触，对创业可能面临的风险和诱惑也都有所认知和判断，这就是最好的创业环境——给创意以落地资源，给创业以试错空间。”

“我一直坚信，创意是有力量的，把身边的创业者和创业团队连接在一起，创意就会更有力量。”于仁国如是说。

王旭：敬畏群体智慧 用未来做现在

王旭，清华大学建筑系 1996 级，SMART 度假地产专家委员会秘书长，AIM 国际建筑设计竞赛发起人，清华校友总会文创专委会副秘书长。

王旭具有丰富的国内外大型建筑设计和城市规划设计项目经验，擅长大型商业综合体和度假酒店设计，致力于打造服务于旅游度假地产全生命周期的开发平台。他将 SMART 系统开发理念运用到北京朝阳区东坝世界城市试验区项目、英皇集团杭州西溪影视文化村项目、三亚海棠湾红树林度假酒店、阿联酋阿布扎比健康产业中心、南京溧水无想艺术季、南京高淳五猖非遗 IP 文创开发等项目。

- 从一门专业到一种思维模式
- SMART：做好文旅产业的 App Store
- AIM：用群体智慧激发文旅内动力
- 一场关于美的修行

23 年前，王旭因为建筑课上能够“名正言顺”地绘画而迈进建筑领域；如今，他对工作坊式的建筑专业课堂情有独钟，认为这是一种开放交互、如同创业训练营一般的工作模式，并将这种思维与理念融入工作之中。

先后从清华大学建筑学院和宾夕法尼亚大学建筑专业毕业后，他曾在波士顿建筑学院担任授课教师，并在美国大型建筑设计事务所工作。带着对于建筑行业的热情和思考，王旭开始在文旅产业深耕细作。

他搭建了 SMART 度假地产开发智慧平台，首创文旅产业的 App Store；他发起 AIM 国际建筑设计竞赛，聚集青年才俊共同打造文旅 IP，将成千上万个创新的种子带到全国各地，使其在合适的土壤中生根发芽、连木成林。

越成功，越谦卑。

对于群体智慧的敬畏与文化价值的尊重，是王旭作为行业领跑者的持久动力。

从一门专业到一种思维模式

作为清华大学的王牌专业，建筑学院每年都会吸引一大批高分考生，但是对于王旭而言，建筑专业的最大魅力在于能够绘画。“家里人很多都是医生和老师，父母想让我学习传统的理工科专业，”王旭回忆说，“建筑专业是一个最优选择，既属于理工科，也能够在上课时间画画。”

从本科入学至今，他已经在建筑领域闯荡了 20 多年。当初因为喜爱绘画学习建筑专业，而现在却对专业学习中练就的思维方式与工作模式铭记于心。

“建筑学应当是基础教育的重要组成部分，在未来教育中，建筑专业的教育方式值得被大力推广。”在王旭看来，建筑学不仅包含结构学、建筑史等专业性质是，还涉及逻辑训练、审美培养、组织协调能力的锻炼等，而这些正是从事各行业工作时不可或缺的基础素质。

直到今天，王旭依然清楚地记得当年建筑学的上课情形：

每一位学生都有自己的图桌，老师不会站在讲台上进行单向的知识传输，而是亲自走到学生身边对作品进行一番点评，学生则会进行反驳；在评图的时候，学生拿着图纸向大家介绍自己的设计理念和设计逻辑，其余的学生和老师都会进行提问和评价。“这是一种更开放、更具交互性的教育方式，十分接近创业训练营的工作模式。”王旭将这种上课方式带到了自己的课堂上，也将这种工作模式践行于自己的创业历程中。

在美国波士顿建筑学院（Boston Architectural College）教书时，王旭从不企盼自己的学生都能够成为建筑师，“想要成为出人头地的建筑师，一定要有天赋加持，并不是所有学生都适合从事建筑设计工作。”王旭坦言，“但是我十分确定的是，当学完设计课之后，他们的基础素质能够得到很大程度的提升，未来能够帮助他们做好任何想要做的事情。”

在建筑专业的学生中，大多数都会在毕业后从事建筑规划设计的工作。但是对于王旭而言，这类工作只是退而求其次的一种选择，他更喜欢用广义的概念来定义建筑：“广义建筑可以是无形的，可以是抽象的，可以是一个生态体系。它最后可能不会以一个物理空间或者是物理模型的方式呈现出来，但它要求创作者具有深厚的建筑设计功底和设计思维体系。”

于是，在美国大型建筑规划设计所工作几年后，他带着自己的产品化思维和整合碎片化信息的能力，倾心投入到国内文旅产业中，为文旅产业的转型升级提供了新可能。

SMART：做好文旅产业的 App Store

2007 年，王旭从美国回来，他发现，中国的度假地产业正处于非常初级的发展阶段。“中国有大量擅长盖房子的人，房地产业发展得很好。

人们更擅长做硬件，但是没几个人擅长做软件。”王旭觉得，对于大型综合体建筑而言，软件的难度和重要性都远远超出硬件，具体到一家酒店而言，房屋易建，但服务、调性、品牌理念等细节却很难做到位。

为了解决文旅产业中的问题，王旭率先搭建了 SMART 度假地产开发智慧平台，强调策略（Strategy）、管理（Management）、艺术（Art）、调研（Research）和教育（Training）对于文旅产业发展的重要意义，将整个产业生态里的不同元素聚集到一起，以达成同行业协会的合作。

他喜欢用智能手机应用商店的概念来阐释 SMART 平台的意义——

从按键手机发展到智能手机，手机外形已经没有太多变化，但是屏幕背后却隐藏着更多奥秘。对于一部手机而言，如果没有软件可用，那手机就没有任何用处。“SMART 平台就是文旅产业中的 App Store，聚合前沿智慧，引入创新业态，为文旅产业的发展注入源源不断的活力。”在王旭看来，文旅产业的发展应当更加关注内容、关注人。

“如果想要找一位设计师进行建筑设计，不要找我；如果想找 1000 个优秀的设计师、艺术家或文创者提供最优秀的设计，SMART 是

唯一可选的平台。”王旭这样定义 SMART 平台的独特价值。

如果把文旅产业比作一条赛道，王旭就是这条赛道上的领跑者，而他所要突破的阻力则是最大的。他是一名赛道开拓者，也是一名市场培育者。

在过往的十几年时间里，他花费了 90% 的时间来教育这个行业。他觉得，理念转变是最难的，也是最重要，于是他在具体的工作中不断地让开发商意识到，文旅地产和传统地产的最大差异在于人们对建筑的需求是不同的，“拿地 – 融资 – 盖房 – 销售”的模式在文旅产业中是行不通的。

对于王旭所从事的工作，很多人心有不解。“很多人都会劝我去做一些容易赚钱的事情，在现阶段为房地产开放商做建筑设计，赚取设计费，等市场发育得差不多了再去做软件。”嘈杂的声音并没有动摇王旭心中的信念，他觉得，这个问题就像是关于高科技企业研发芯片的讨论一样，“如果决定去做，那这注定会是一件苦活儿、累活儿，成本投入多且短时间内没有经济效益；如果不去做，那就永远不会在市场成熟的时候准确地抓住机遇，因为任何企业都无法轻易实现从组装手机到生产芯片的跨越。”

在王旭看来，市场是需要被培育、被引领的，机会不是等来的，而是要踏踏实实创造机会。

AIM：用群体智慧激发文旅内动力

“文旅产业不是复制性的工作，对成功案例进行倒推是没有用的。”王旭觉得，文旅产业距离拍电影更近，距离盖房子更远，只有以制片人的心态去工作才更容易成功，因为人们对于度假场所的故事设计和场景消费体验有着越来越高的期待，仅靠民宿和景点是无法满足消费者需求的。

关于做好文旅项目的秘诀，王旭给出了他的答案——“用未来做现在”。在他眼中，目前国内文旅产业的多数人是在“用过去做现在”，妄图复制成功，但是没有时效性的创意是没有独特性的，任何一个成功的文旅项目都不是通过复制得来的，差异化、唯一性才是最核心的竞争力，“第二”永远都不会被人知道。只有向内求，深挖自有文化的内涵与特性，才能将其打造成独一无二的符号。

为了让文旅地产保持持久的生命力，王旭和他的团队提出了 IP、人才、内容和社群的四步升级方法论，但这四种要素则是传统文旅企业所欠缺的。为了解决这一问题，王旭在 2010 年发起组织了 AIM 国际建筑设计竞赛，涵盖建筑、规划、乡创、文创、非遗、民宿、大地艺术、喜剧、自然博物等多个品类，几乎涉足所有创新领域，在闭环的文旅产业中聚集了大量优秀创新人才。

谈及创办 AIM 竞赛的初衷，王旭说：“如果要为一个小镇打造 IP，那么单个创意的好与坏是无法评判的，需要有大量的优质人才共同思考这个问题。”他借用了算力的概念，希望用竞赛的方式得到千里挑一的创意。“当有一千个团队共同参赛的时候，最优秀的想法往往会超出我自己的预期。”王旭说。

今年，王旭带领团队在南京溧水区举办了无想艺术季活动，主题是“无想而为”，吸引了国内外 1000 多名艺术家慕名而来。他们踏遍了无想山的每一寸土地，几乎穷尽了所有的可能性，针对无想山的旅游环线设计提交了 700 余份作品。“他们一同引发了用公共艺术激活

无想山的巨大反应堆。”王旭对这些创意设计赞不绝口，在他看来，群体智慧是文旅产业核心竞争力的根源。

“对群体智慧保持敬畏，用群体智慧解决问题”已经成为王旭对待文旅产业的态度。接触了大量创意人才之后，王旭变得更加谦卑，他越发感受到大家在文旅产业保持着旺盛的求生欲与求知欲，每个人身上都有值得学习的闪光点。王旭觉得，AIM 竞赛集结的每一位创意人才都是一颗创新的种子，而他的使命则是要将这些种子带到全国各地，为他们寻找合适的土壤，使其生根发芽、连木成林。

一场关于美的修行

当王旭还是一名建筑设计师时，他的主要工作是通过硬件设施将空间变美，为大家提供功能型服务；作为一名文旅产业的管理者，他要将硬件和软件更好地结合起来，让大家有更好的消费体验。不论身份如何变化，王旭始终都是在追求生命中的美。

为大家创造美、让大家感受美，是王旭在文旅产业辛勤耕耘的原动力。

在王旭看来，教育是培养创意人才的根本路径。“我们的父辈大多都是一个工作干一辈子，我们这一代可能会有 2-3 次职业生涯的转型，而我们的下一代则会面临更加频繁的变化。”王旭觉得，我们已经逐渐步入一个快速迭代的时代，对于固有知识的掌握已经变得不再重要，而快速学习能力、应变能力、审美能力、逻辑思维和协调管理等能力则变得更加重要，只有通过教育才能让未来的孩子掌握这些基本素质。

“文旅业是‘坏孩子’的天空。”传统教育总是要求我们在考试中回答正确答案，但坏孩子却总是“反着来”，他们天生叛逆、有想法，喜欢不按常理出牌并且十分坚持自己的观点。根据王旭的观察，文旅产业中的成功人士大多都是“坏孩子”，因为他们拥有特立独行的差异化思维。基于这样的思考，王旭开始在未来教育的领域进行摸索。

王旭觉得，在文旅产业转型升级的过程中，文创是进行价值转化的一种媒介，将某一地区的文化转化为可以被大众认知、理解和传播的文化。“就像我们常说的‘缺钙’现象，很多人缺钙并不是因为钙

王旭接受采访

的摄入不够，而是吸收能力较弱。”王旭解释道。

对于文创转化而言，变现难是目前所面临的主要困境。一方面，文创人才对于文创的认知还处于初级阶段，产品设计主要流于形式，缺乏讲故事的能力，无法刺激消费者的购买欲；另一方面，中国的消费升级还需要一段时间，只有在市场成熟之后，消费者才会逐渐抛弃解决温饱的思维，开始关注精神消费。

但王旭依然对此抱有十足的信心：“正是因为这个粗糙的市场，才大有可为。”

王雷：常怀感恩之心，打磨主题文创园区

王雷，清华大学水利系 1998 级本科生，清华大学公共管理学院 2002 级硕士研究生。2005 年毕业后，王雷进入一家知名房地产公司；2011 年，创办北京道朴文华资产管理有限公司，先后打造了“77 文创”系列园区、“幸福七和”文创园等，目前正在全力打造“卫科创新园”。他还兼任中国建筑学会建筑策划与后评估专业委员会理事，清华校友文创专业委员会理事，北京市青联委员，北京市工商联执委，东城区政协委员，东城区青联副主席，东城区商会副会长、文化产业商会会长，东城区演出行业协会秘书长等社会职务。现为清华大学校友总会文创专委会理事。

- 追寻文创梦，理性与感性相融
- 知行合一，走差异化发展的文创之路
- 心怀感恩，在文创之路上努力奔跑

1970年春天，中国第一颗人造地球卫星“东方红一号”从海淀区知春路63号的北京卫星制造厂总装出厂。50年后，知春路已经成为海淀区的“中知学”核心区，而承载过重大历史使命的工业厂房在闹市中安静地伫立着。“东方红一号卫星诞生地”的纪念石碑摆放在厂区北侧的三号厂房前，似乎在默默诉说着这里曾经的辉煌。

如今，北京卫星制造厂中关村厂区正在等待着“旧貌换新颜”。在这里，道朴文华公司创始人王雷为我们讲述了他的文创之路。

“道朴”，取自《道德经》32章中“道常无名、朴，虽小，天下莫能臣”。对此，王雷有着自己的理解：“无论做任何事情，都要遵循事物最朴素的客观规律，只要道路正确，即使是很微小的力量，坚持到底就会焕发巨大的生命力。”王雷和他的团队致力于打造专业化的文化资产投资和运营管理体系，着眼于空间与内容、历史与现代、传统与创新的融合，以感恩之心打磨高品质主题文创园，使旗下的“77文创”系列园区、“幸福七和”文创园等都具有鲜明的特色。

追寻文创梦，理性与感性相融

2005年从清华大学毕业之后，王雷在一家国内知名的房地产企业里工作了七年，扎扎实实地积累了项目投资和资产管理的基本功。而立之年，他决定创业，并将眼光瞄准了在国内刚刚起步的存量资产投资和运营管理，立志将城市更新与文创产业结合在一起做出一番事业。基于内容创造与价值创造的文化资产运营管理体系，既是他的志趣所在，也能够让他过去积累的专业经验有充分的用武之地。

2011年开始走上文创这条路，王雷骨子里还是清华园荷塘边那个有情怀的文艺青年。在创业的过程中，王雷既表现出了理工科的逻辑思维能力，也深深受到清华人文精神的影响。如今，谈起清华荷塘旁的朱自清石像和大礼堂里“人文日新”的牌匾，他仍然为之动容。

在理性与感性之间进行平衡取舍，是王雷从事文创园区投资运营的一个核心优势。

他至今还清晰地记得读书时在清华大礼堂参与的几场话剧，尤其是大三时演出的“大禹治水”，他在里面扮演大禹。在这种文艺情怀的感召下，王雷涉足文创领域的第一件事情，就是投资改造了位于隆福寺街，有着近60年历史的东四工人文化宫，使其摇身一变成为了现在的东宫影剧院：“我们发现，北京的创作和演出团体特别丰富，但剧场资源很稀缺，与此同时又有很多的文化场所是闲置的，很多老电影院、老礼堂等文化场所没有得到有效利用。”

文创
时代
的我

他和团队在很短时间内就将东宫影剧院打造成一个广受欢迎的戏剧演出聚集地，而他也付出了代价——公司亏得一塌糊涂，不光把资本金全花完了，剧场改造还欠了数百万债务。2011 年底，刚开张半年的剧场就已经做好要关门的准备了。

在最困难的时候，2012 年初，东宫影剧院获得了北京知名媒体评选的“2011 年北京市十大演出场所”的称号。同时，北京市东城区戏剧促进委员会也通过剧场建设专项资金进行了大力支持，帮助王雷度过了创业之初最大的一个难关。“在创业过程中，一些看似非理性的决定背后必须由大量理性思考支撑，还要有足够多的努力、足够多的耐心，坚持不懈地打磨好一个产品，这样才能带来社会效益和经济效益的最大化，才能得到别人的认可和支持。”面对公司经营发展的压力，和对于文艺情怀的追求，王雷经历了很多矛盾、冲突、妥协、升华，但这样的长期主义思维也奠定了王雷团队的风格。

在他看来，整个团队的特点就像公司的名字“道朴”一样，谦逊、朴实、努力、坚持，不计较短期得失，能打硬仗。他始终用“道朴”的精神激励自己和团队，常常告诉大家要“坚持做自己最擅长和最喜欢的事情”。创业至今，整个公司的核心团队一直十分稳定，期间还陆续吸引了许多新鲜力量，像滚雪球一样不断壮大。“我们既不把自己视为纯粹的文化公司，也不把自己定位为文化地产公司或物业管理公司，而是始终坚持文化资产运营商的角色，认真花功夫去研究利益相关者的想法和诉求，对每一个园区深入发掘，寻找到它独特的个性和价值。”王雷说。

创业以来，王雷率领团队打造的“77 文创”系列园区绽放异彩，获得了业界认可。其中，“77 文创”美术馆暨北京胶印厂改造项目相继荣获中国建筑学会授予的“2016 年中国建筑创作奖——建筑保护与再利用类”金奖、2018 亚洲建筑师协会建筑奖金奖，“77 文创”和“幸福七和”园区均成为“首届中国老旧厂房保护利用与城市文化发展联盟的理事单位”，“77 文创”系列园区更成为了“北京市首批市级文创产业园区”和“‘北京品牌计划 · 文化品牌新势力’三十强品牌”等。

这些主题文创园区，已经成为了所在区域的文化地标，成为与老百姓文化生活融为一体的创新文化空间。看着这些成就，王雷感触良多：“最想感谢的是股东们的大力支持和团队成员的默默奉献，当然更重要的还有各个园区的合作伙伴和客户们。这一切都是‘天时地利人和’的机缘。”

“‘77 文创’系列园区的成功使我们深刻地意识到，文创园区和文创产业之间应该形成相互促进、相互成就的关系——文创园区推动文创产业发展，而文创产业的发展又带动着文创园区进一步升级迭代。”王雷分享说。

知行合一，走差异化发展的文创之路

“在城市发展进程中，全球很多地区的低效、旧有存量资产面临着功能转变的问题，亟需提升价值。大量的存量资产是城市核心区的价值洼地，这些宝贵的空间在城市更新的新时代，成为了创意产业发展的策源地。”从2009年到2011年，王雷先后访问了瑞士巴塞尔艺术节、伦敦泰晤士河南岸、纽约SOHO区、迈阿密设计区等全球著名的文化创意聚集区，都给他留下了深刻印象。

他认为，中国有自己的特色，要想把中国文化资产体系里的巨大价值落地，就需要理解中国城市更新的节奏、中国文化创意产业的诉求，把老旧空间变成中国创意群体所需要的载体。2011年初，他深切地感受到北京用文创产业来推动城市更新的巨大机遇，怀着对文化创意的满腔热情和对城市更新大势所趋的理性判断，创办了道朴文华公司。

他希望自己的团队不仅是物理空间的打造者，更是文化运营体系的打造者。因此，他们以“整体定位、整体实施、整体运营”为理念，坚持“合作投资、独立运营、创造增值、分享收益”的商业模式，坚持以内容创作为核心的园区主题，形成了独有的文化资产运营管理体系。从发现存量文化资产，把它变成主题鲜明的文创园区，注入众多核心的文创资源，再通过文创资源和园区之间的互动，以运营为纽带使产业和园区相互助力、相得益彰。一端是城市更新，一端是文创产业，互为支撑、循环上升、可持续发展，迸发出旺盛的生命力。

“创造增值这个环节是我们注入创造力和价值的环节。看到一个空间，想象它的未来，策划它的定位、设计与运营思路，还要注入对历史的尊重、对未来的期望，过程中的每一步决定都需要谨慎思考和判断，才能实现空间再塑、产业再塑、生态再塑，最终对社会的整体利益和价值才能最大化。”王雷说。

让王雷引以为豪的是，他们打造的每一个园区都尽量保留了历史记忆，并已经逐步形成了鲜明的品牌特色和产品特征。“空中连廊、屋顶平台、锈钢板等，很多熟悉我们的朋友从空间上就能识别出我们的产品。”他说。

在把老旧厂房改造为文创园区的过程中，他将其视为文创产品、作品——它的文化内涵中融合了创意设计、空间再造、文化内容、产业服务、文化金融等众多元素。“既要关注空间，又要关注内容，只有实现产业内容与物理空间的适配，才能实现共赢、持续发展。”王雷说。作为专业的文化资产投资与运营商，要让每一个文创园区都能够链接其空间的所有者与使用者。不仅要让园区发展得好，还要让园区内的所有产业和内容都发展得很好。

“在饱含文化内涵的同时，文创园区还要具备文化的外延性——文创园区不仅是文创产业发展的物理空间和文创企业的办公空间，同时还应承载着北京的文化传承、建筑的历史记忆、公共文化服务、文化交流和传播等多元化的功能；对于核心区的文创园区，还应紧密结合北京历史文化名城风貌保护的整体要求，彰显古都风貌。”王雷补充道。

从他们的作品中，都能看出对于二者的兼顾。“77 文创”国子监坐落在著名的中国历史文化名街国子监大街，以东方美学和国学文化为主题。“77 文创”美术馆是戏剧主题园，充分结合“文化东城、戏剧东城”的定位，其南边是北京人艺、北边是中央戏剧学院，园区内的北京剧目排练中心已有超过 400 个剧目在此排练，被誉为戏剧界的“横店”；园区内的“77 剧场”也成为诸多知名艺术节和戏剧演出的举办地。

如今，时间证明了一切，王雷和团队已经不在园区规模上做刻意发展，将更多精力用于挖掘园区内的优质文化资源和附加值，越来越多的文化资源开始聚集在一起并形成合力，并且还得到了蔡志忠、赵普、马可、贾樟柯、梁冬、王辉等文化名人的青睐与支持，形成了颇具特色的文创生态体系。

心怀感恩，在文创之路上努力奔跑

在践行品质至上理念、探索可持续园区的同时，王雷在不断地洞察和思考文创园区行业的机遇和未来。

从 2017 年开始，在中宣部、文化部、北京市的各级调研活动和专业论坛上，王雷针对文创产业发展、文创园区的运营建言献策：第一，利用老旧厂房改造文创园区是推动文创产业发展和完善公共文化服务的重要载体和平台，应予以高度重视和支持。第二，应建立明确的行业标准、建立准入和退出机制、建立运营和使用后评估体系、建立考核和激励机制。第三，鼓励国有经济、非公经济和混合所有制的全面参与，培育和建设专业化的文创园区运营团队，从而激发利用老旧厂房拓展文化空间的积极性和参与度。

“近年来，北京市几乎每一年都有新的政策出台，而且力度逐年加大，尤其是 2017 年 12 月底颁布的《保护利用老旧厂房拓展文化空间项目的指导意见》和 2019 年 12 月颁布的《保护利用老旧厂房拓展文化空间项目管理办法》的相继出台，更让我们坚信，我们所做的事业是符合国家和北京的发展方向的，是一项利国利民的事业。我们致力于将每一个主题文创园区都打造成为城市文化地标，成为可持续生长的文创生态。”王雷说。

王雷在北京卫星制造厂中关村厂区接受采访

（2019 年 10 月 20 日，王雷参加西安国际马拉松－全程马拉松 采访对象供图）

对即将开启事业新征程的“卫星科技文化创新园”（简称“卫科创新园”，即原北京卫星制造厂中关村厂区）项目，王雷感觉肩负重任，投入了几乎全部的时间和精力。最初了解这个项目时，王雷就被其深厚的历史积淀深深打动：“这个厂区曾参与了我国200多颗（艘）卫星及飞船的研制任务，见证了中国航天人自力更生、艰苦奋斗、勇攀科技高峰的壮举。”厂区的空间形态也带给他难以名状的震撼：“厂区的物理空间形态丰富，代表着不同时代的工业美感。五十年代的苏式建筑、六十年代的回字形厂房、七十年代的标语、八十至九十年代的扩建，都是时代留下的烙印，也是一代又一代人的记忆。”

这里还具备非常优越的区位优势——位于知春路核心区域，被清华、北大、人大、北航、北理工等知名高校和中科院的众多院所所环绕，周边的科研资源和产业集中度都非常高。中关村如今已经成为国家级文化和科技融合示范基地，为文创园区的发展提供了很好的环境。

产业发展与人才培养也是王雷所关心的话题。他希望卫科创新园项目能够成为更多具备创意创新能力的文创人才的发展平台，他也计划将这里作为文创产业人才培养的课外实践基地，更多地承载起培育创新型人才的功能，不断为产业发展输入新鲜活力。

“传承航天精神，打造文创地标；使命因艰巨而辉煌，人生因奋斗而精彩。”园区里很多关于航天精神的标语、旗帜等都被王雷精心的收藏了起来，他希望未来有更多人可以通过卫科创新园感受到航天精神，自强不息、艰苦奋斗。

王雷喜欢跑马拉松，迄今为止已经完成了 17 个全程马拉松，并且在刚刚过去的 2019 年西安国际马拉松中成功跑出了 3 小时 25 分钟的好成绩。他将自己定位为一名马拉松型创业者——前 10 公里找配速；10–30 公里则是按照合适的配速放马去跑；30 公里后需要咬牙坚持，在避免“撞墙”的同时进行冲刺。

过去的八年，正是他“找配速”的过程。在面临经营困境时，在过去几年创业风口此起彼伏的浪潮中，他也曾陷入自我怀疑之中，在这段焦虑的时间中，长跑让他更加懂得坚持的意义。如今，心怀感恩的王雷已经找到了属于自己的配速，身处这场创业马拉松中的王雷状态正酣，迈着稳健的步伐，心中勾画出关于文创产业未来的无限畅想。

作者视点

当代文创人才培养：目标、特征与路径

胡 钰 万宁宁

文创人才是发展文化创意动文化创意传播的主体力量，对于进入新时代的中国培育文化新业态、提高文化软实力、激发全民族文化创新创造活力具有重要意义。加大力度培养造就新一代青年文创人才，要着眼于树立文化自信、建设文化强国的目标，着眼于抓住我国文化产业、文化事业蓬勃发展的历史机遇期，着眼于发挥多学科学习与产学研合作的跨界优势。

一、当代文创人才的培养目标

文创理念是在当代文化发展实践中逐渐形成的新观念，也是新时代的新发展理念在文化发展中的具体体现，其根基在“文”，即文化；其关键在“创”，即创意；其目标在“新”，即基于文化传承与文化融合的文化创新创造。文创理念的核心特征是创新与跨界，以一个更广阔、更多维的视角推动文化发展，实现以文化人的时代任务。这一理念具有鲜明的文化主体意识，内在逻辑是文化自觉基础上的文化自信，并通过自主性的文化创新创造实现文化自强。推动文创发展，从根本上看，要培养具有文化使命感与文化创造力的引领性人才。

1. 文化使命感是文创人才的深层底蕴

每个人都有自己的文化基因，但这种基因却并不为每个人所自知，正所谓“日用而不知”，知者可谓有文化自觉。费孝通先生在 1998 年的一次题为《中华文化在新世纪面临的挑战》的演讲中曾说过：“文化自觉，意思是生活在既定文化中的人对其文化有‘自知之明’，明它的来历、形成的过程、所具有的特色和它发展的趋向。自知之明是为了加强对文化转型的自主能力，取得决定适应新环境、新时代文化选择的自主地位。”[1] 文创人才要有文化自觉，明白自己的文化基因与文化归属，进而才能找到进行创新创造的文化土壤，才能拥有推动文化转型的自主能力。

有了文化自觉，只是文化使命感的基础。对于文创人才来说，核心任务是通过自己的创新创造来实现文化自强，让本民族的文化不断向前发展，成为本民族生存发展的丰厚精神滋养，同时展现出具有时代感和世界性的魅力，为人类的精神发展贡献更多公共品。

在新一轮全球化进程中，中国愈发成为重要引领者之一。目前来看，这种引领主要体现在中国经济对世界经济的贡献度上，但这还远远不够。从中国历史上曾经辉煌的汉唐时期看，从国际上欧洲文艺复兴以来欧美大国崛起的经验看，要真正成为世界的引领者，文化实力具有更加深层次、持久性的意义。对于希望实现民族伟大复兴的新时代中国来说，仅仅出口电视机而不出口电视剧、仅仅建设基础设施而不贡献人类价值观是无法实现自己的伟大梦想的。因而，对于当代青年文创人才培养来说，首要的是培养内心深处强烈的文化使命感，立足于5000年来人类文明中唯一没有中断的中华文明形态，创造出既反映中国精神、中国价值又体现人类普遍关怀、共同价值的优秀文化作品、文化产品。

在全球化日趋深入的今天，这种文化使命感不仅是为了中华文化的复兴，也是为了人类共同的命运。地球越来越小，但人类的心胸不能越来越小，文化不能越来越单一。自大航海时代以来，特别是工业革命以来，尽管全球化是由西方国家发起并推动的，与之相伴的是西方经济、科技、文化等风靡全球，但西方文化不能也不应成为单一性的文化霸权。事实上，当前全球范围内的保护主义、单边主义抬头、在抗击新冠肺炎疫情期间一些西方国家的封闭性、攻击性凸显等都源于保守文化观念、极端文化观念，源于文明等级论和种族主义。这些落后的文化观念与形态与当代人类文化发展趋势是不相符的，是不利于文化多样性与世界和平的。

人类文化建设面临的挑战与需求对中国文化的世界贡献提出了需求，也提供了机遇。钱穆先生曾说："当前世界人类，另外拥有一种优良文化，博大深厚，足以与现代欧西文化抗颜行者，则只有中国。""实在只有发扬中国文化，不仅为救中国，亦可以救人类。"[2]中华文化在历史上向世界各国广为传播但不以征服为目的，是多元一体的"和"的文化，而西方文化中是基于一神论和资本主义意识形态霸权的"同"的文化，前者是适应文化多样性的全球化的，后者却会带来"非我族类其心必异"的文化冲突。因此，中国提出"人类命运共同体"的理念正是反映了中华文化理念对未来全球化的思考，而这种思考也呼唤我国文创人才创造出更多为世界所接受的中国文化作品、文化产品来，让当代中国文化成为人类新文明构建的重要推力与基石。

2. 文化创造力是文创人才的核心能力

文创人才能力的核心在文化创造力，集中体现在以文创理念推动中华优秀传统文化的创造性转化与创新性发展上。作为一种崭新的文化发展理念，文创理念强调的是以创意视角、科技视角、生活视角来看待文化发展，而不是固守文化的传统形式、封闭形式、静止形式。

要培养这样的文化创造力，就要拥有敏锐的文化观察力与文化想象力。观察一种文化形式，体悟其文化内涵与精神实质，并在此基础上，与个人经验与时代需求结合起来，想象、创造崭新的文化形式。比如中国传统文化中的五行概念、四大天王形象，在当代时尚摄影中就有着全新的阐释，而京剧、昆曲等传统戏曲形式，在当代流行音乐表演中就有着惊艳的表现。传统与时尚、流行的结合突出体现了创作者的创意能力，极具个性化与时代感。

要培养这样的文化创造力，就要既懂得文化又懂得科技。梁思成先生 1948 年在清华大学曾作了一次题为《半个人的时代》的演讲，谈到文理分科教育带来人的片面发展的问题，提倡教育要走出“半个人的时代”。时过七十多年看此论断，依然非常深刻。作为当代中国最具创造力的建筑大师，梁思成本人的文理知识结构很完整，这是其创造力的重要支撑。钱学森先生也认为，创造性思维往往产生于不同学科知识和思维方式的交叉渗透中，因此他很感谢作为音乐家的夫人。今天要培养文化创造力，更应意识到，没有科技的文化是边缘的，没有文化的科技是乏味的。在清华大学的文创校友中，学物理的学生能够写出获得国际雨果奖的科幻小说，学热能工程的学生能够导演出唯美而叫座的国产动漫电影，学材料工程的学生能创造出热播的网络音乐剧，都得益于复合型的知识结构。

要培养这样的文化创造力，就要既是文化人又是生意人。当代文创产业发展的重点是“文创 +”的跨业态融合，是一种新的文化经济形态，实质是将文创成果深度融合于经济社会各领域。在清华大学的文创校友中，有人能够创办大型网络视频服务平台，有人能够创办领先的文创投资公司，有人能够创办充满活力的文创园区，都得益于推动文化与商业紧密结合的能力。

从国际经验看，要提升文化创造力，培育“文创 +”的新型文化业态，关键是基于文化 IP 的品牌授权业发展。这种能力体现在善于挖掘各类文化产品的核心情感元素、价值元素，将其名称、标识、形象、故事等形成 IP 并进行多样化的商品与服务授权。国际品牌授权业协会前主席赛丹杰认为，品牌授权业务本质上是一个跨界的过程——通过商品，将娱乐内容、生活方式、企业品牌和零售融为一体。它凝结了包括市场营销、会计学、法学、电影学、工业设计、心理学、建筑学和计算科学等多个学科的集体智慧，是一种差异化、交叉型、移植性的创新思维结晶。他认为，中国在游戏、电影等内容产业已经超过美国，成为最大的市场，中国的文化元素、文化品牌也在进入美国等世界各国，从某种意义上说，品牌授权将成为文创行业内最高的那块天花板。在中国，品牌授权业有着巨大的空间，对现在和未来的文创产业发展都非常重要。[3]

二、当代文创人才的特征——VALUE 胜任力模型

“胜任力”概念最早由心理学家戴维 · 麦克利兰（David McClelland）

在 1973 年提出，将人才特质划分为浅层次特征与深层次特征两部分，并在此基础上提出用于个体素质评价的“冰山模型”，认为自我意识、个性、动机等潜在的深层次特征能够比知识、智力等浅层次特征更好地预测一个人在某一工作中的表现，能显著区分优秀绩效者和一般绩效者，这些特征被称为胜任力[4]。自提出以来，胜任力模型也在多个国家的人才选拔过程中得到广泛应用，成为评价创新型人才的有效工具，对于认识当代文创人才的成长规律具有重要意义。在理解当代文创人才的特征时，应从时代感与未来感的视角出发，避免单一化与片面化的视角，把握好复合型与交叉性的特点，综合而全面地剖析适应文创产业发展与文化创意传播未来发展需要的人才要素。

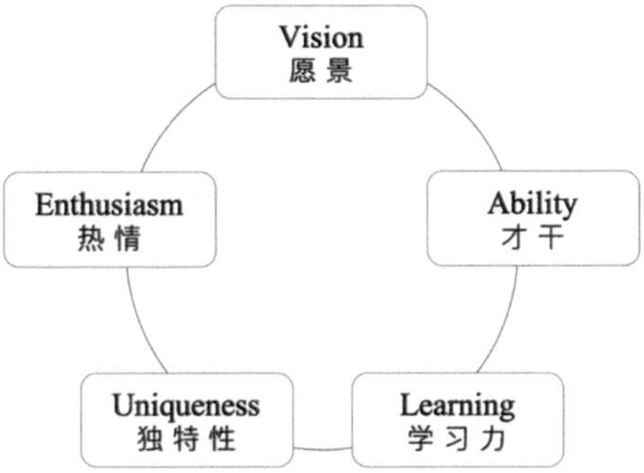

文创人才胜任力 VALUE 模型

通过对当代一些代表性文创人才的研究，特别是对一些活跃的清华文创校友的深度访谈，可以发现文创人才具有的基本特征，具体体现为：愿景（Vision）、才干（Ability）、学习力（Learning）、独特性（Uniqueness）、热情（Enthusiasm），基于每个特征英文首字母，可以简化为 VALUE 模型。

1. 特征之一，愿景（Vision）

优秀的创意源于长期的积累，开阔的视野决定思维的高度。优秀的文创人才善于将个人发展与行业发展结合起来，与社会公众利益结合起来，与民族文化发展结合起来，凸显人文价值与社会效益，实现个体化与社会性的有机融合，实现商业性与文化感的有机融合。

清华自动化系校友许怡然从大学三年级写下中国大陆的第一行游戏代码开始，到创办中国首家独立游戏工作室，再到任职于多家知名游戏公司，他的目标不仅停留于赚钱，更希望提高中国游戏产业的国际地位，推动中国游戏人才的培养。清华汽车系校友童之磊在大学时就确定了为人类进步而奋斗的人生理想，毕业后持续深耕在数字出版领域，创立的中文在线集团不仅成为中国数字出版领域的开创者之一，也成为全球最大的中文数字出版机构之一，在中国文化产业繁荣发展的大背景下推动中国文化内容出海……

文创人才应具有追求卓越的理想情怀，干事创业的出发点不能仅仅局限于娱乐或商业目的，而要以利他的心态为相关领域和社会公众创造价值，以积极正向健康的价值观为前提，最大限度地引领文创产业，营造出干净、健康的文化空间。更高层次的，应兼具民族性视角与国际化视野，将人类命运共同体的理念根植于业务实践中，心系未来，心系人类。尤其是在传统文化的创新性发展方面，既要从日常生活出发，选取人民群众喜闻乐见的、能够丰富精神生活、陶冶文化情操的健康内容，也要寻找世界文明的共通性，借鉴其他文化的优秀之处，传达出中国文化所蕴含的中国精神、中国气质与中国风格。

2. 特征之二，才干（Ability）

持续的文化积累与专业的技能素质是文创人才的重要特征，扎实的专业能力是形成行业竞争优势的重要基础。在专业之外，对跨学科、跨专业知识与技能的整合融通能力也十分重要。文创产业涉及领域较多，一项工作往往需要调动一个人的综合能力，人文与科学的融合、传统与现代的贯通、东方与西方的碰撞，都是文创产业中需要解决的综合性问题。因此，对自身优势的恰当表达、对文化内涵的深入挖掘、对传统事物的创新转化，是文创人才的胜任力要求，社会沟通能力、文化挖掘能力与商业转化能力成为文创人才的必备素质。

2019 年 9 月，国产动画电影《罗小黑战记》的出色表现，让国漫崛起的话题再度进入人们的视野。清华英语系校友许亮是这部电影的出品人，面对这一没有明星大咖、缺少 IP 加持、制作团队经验匮乏的项目，他做出了投资的决定。而他所凭借的，并非简单的项目投资量化工具，而是从事影视投资近十年而积累的行业经验，让他学会在一片模糊的巨大不确定性中，寻找最大的确定，并且做出预测。清华建筑系校友陈兴是时装品牌“彼伏”的创始人，他将自己在意大利米兰留学期间对现代审美的认识和对于传统文化的热爱结合起来，形成独特的服装风格；运用之前从事酒店开发的经验，对店铺空间设计进行整体规划；调动自己在古建、非遗方面的长期积累，让每一季新品服装都具有十足的结构性与流动感……

文创行业是一个活跃度极高、综合度极高、不确定性极高的的行业，对行业人才的才干要求是全面的、独特的，只有那些具有较强知识基础与个人悟性的优秀人才才能在文创行业成为佼佼者。

3. 特征之三，学习力（Learning）

文创产业不是狭义单一的产业，而是一个跨行业、交叉性的行业，与传统意义上的各行各业都在发生联系。它所需要的人才应当具有复合型知识结构与多样化知识储备，不仅要在大学阶段打好专业基础，更要在已有知识与技能的基础上，不断文创行业发展所需的新鲜知识，比如新媒体运营、新商业模式、新技术应用等，因此，善于学习成为优秀文创人才的普遍特征。

清华新闻与传播学院校友朱峰在视频网站上开设个人栏目之后，创办了视频自媒体平台星站 TV，专注于互联网短视频运营。在传媒专业之外，她十分强调数据分析对于流量增长的重要意义，通过 A/B test 摸索出短视频平台的算法推荐特性，创新性地提出了“内容 + 运营 + 流量”的短视频运营模式，为短视频账号带来大幅精准流量增长，而她所运用的这些知识是在学院学习中没有学到的，都是自己自学的。清华物理系校友于仁国从“码农”转变为管理者之后，发现自己的知识体系不够，于是选择重新回到学校读书，以创业的心态去学习，最大限度地调动自己的能力和精力，一贯保持着如饥似渴的学习状态……

持续学习的能力，是文创人才宝贵的竞争力。随着时代的进步，新兴技术不断发展，使传统的知识结构和思维方式发生了翻天覆地的变化，固有的知识与技能正在不断被淘汰，学习新知识、接受新观念、引领新潮流，已然成为当代文创人才的基本要求。只有持续性学习，才能够持续性成长。

4. 特征之四，独特性（Uniqueness）

德国社会学家安德雷亚斯 · 莱克维茨在《独异性社会：现代的结构转型》一书中提到，“只有不同凡响，才能获得瞩目。”[5] 进入后现代性的社会，张扬个性、表达自我成为文化发展的突出特征，满足个性需求的精神产品逐渐成为文化消费主导。在文创领域，同质化、重复性产品不在少数，极易导致审美疲劳。因此，只有彰显独特，才能赢得青睐。

清华建筑系校友马清运是中国极具影响力的建筑师之一，在国内外留下了许多声名卓著的建筑作品，在他眼中，大同小异的建筑几乎没什么价值，只有创造力才是蕴含于建筑中的独特魅力，这种独特性正是建筑拥有恒久生命力的源泉。同样毕业于清华建筑学院的校友王旭认为，做好文旅项目的秘诀在于“用未来做现在”，任何一个成功的文旅项目都不是通过复制得来的，差异化、唯一性才是最核心的竞争力，“第二”永远都不会被人知道。只有向内求，深挖自有文化的内涵与特性，才能将其打造成独一无二的符号……

追求独特性的意识与能力，是文创人才的核心竞争力，也是体现个体差异的关键所在。无论是在个人工作还是团队合作中，要善于最大限度地发挥个体创造力，敢于突破传统观念与固有模式，将抽象化的认知与概念转化为独特的、原创的高价值文化产品，形成有区分度的品牌效应。文创领域不欢迎复制性的工作，对成功案例进行倒推是没有用的，不仅要“用传统做现在”，更要“以未来做现在”，持续创造出引领潮流的优质作品，成为潮流创造者，而非跟随者。

5. 特征之五，热情（Enthusiasm）

唯有热爱，才能持久。无论从事哪一行业，热爱是坚持与专注的前提，只有找到热爱，才能追求卓越。文化不是复制品，更不是速成品，只有精心雕琢才能生产出真正优秀有品质的文化产品或品牌 IP，才能够与公众建立深厚的情感联系，获得旺盛的生命力。

清华大学艺术博物馆常务副馆长杜鹏飞自幼喜好艺术，虽然从事理工科研究，但从未丢弃对书画的热爱。正是因为这份热爱，他希望自己能够为高校博物馆建设贡献一份力量，在组建运营团队、策划展览、发掘艺术博物馆的公共教育功能等方面不断探索。清华水利系校友王雷立志将城市更新与文创产业结合在一起做出一番事业，常常激励自己和团队要“坚持做自己最擅长和最喜欢的事情”，让这个年轻的团队十分稳固，并吸引了更多有为青年的加入，将心中的热情转化为行动力……

保持对于文创事业的热情，才能把握更多发展机遇。保持对于工作团队的热情，才能激发群体智慧的力量。保持对于生命的热情，才能拥有最深层次的创造力。

三、当代文创人才的培养路径

当代文创发展对文创人才培养提出了旺盛的需求。由于中国文创产业的发展历程还较短，如何构建一套行之有效的人才培养体系仍是有待解决的难题。基于对当代文创人才培养目标与能力特征的分析，应从知识传授、业界实践、环境营造以及跨界培养四个着力点上下功夫。

1. 创立新学科

从世界范围来看，创意产业的发展具有实践先于理论的特点，中国文创产业的发展同样如此。从全国高校现有的教学体系来看，不少综合性大学结合跨学科优势设立了文化产业研究院、文化创意发展研究院等跨院系的研究机构，开设文创领域的课程，学生社团中也增加了文创协会，成为培育文创人才的重要途径。从文创人才培养的专业上看，目前有三个专业成为重要支撑：媒体（media）、艺术（art）、设计（design），恰巧，这三个单词首字母合起来就是 MAD（着迷的），这也暗合了文创发展给人带来的喜悦感和冲击力。[6]

值得重视的是，文创领域基础性理论体系与相关专业的缺乏，导致了人才培养与创造力潜能未得到充分激发，在很大程度上制约着文创人才的成长。作为创意产业理论基础的“创意学”至今尚未建立起自身的理论体系。[7] 清华大学文化创意发展研究院院长柳斌杰在访谈中提到，“大学是一个国家进行文化创造的重要基地，对于激发文化活力、提升文化品质至关重要。学校需要通过多学科融合的方式，培养有技术、有文化情怀、有创造力的高素质人才，还要开设文化产业政策和文化管理的相关课程，针对如何加强政策引导、加强规范管理等现实需求培养专业人才，为文化建设提供巨大的能量。”因此，高校应依据文创学科特色，设立更多文创产业发展与文化创意传播等相关专业或课程，形成课程群，建设文创学科，为行业实践提供理论支持，为文创人才的成长夯实知识基础。

2. 搭建实践场

校园是人才的培育场，社会是人才的成长场。文创人才能否在走出校园后尽快融入社会、融入市场，是衡量培养效果的关键指标。在培养当代文创人才的过程中，应打通理论与实践的渠道，以产学研融合的方式为高校学生提供更多的业界实践机会，做到理论与实践相融汇，学术与实务相贯通。

搭建文创人才的实践场可以采用“请进来”与“走出去”相结合的方式。一方面，大学可以借鉴好莱坞与高校进行合作的经验，邀请行业中的优秀人才回流至校园，由一线人员进行授课。如爱奇艺与上海戏剧学院艺术管理系联合开设《网络视频管理》课程，由企业高管进行授课，对网络视频产业和演艺行业的最新发展进行前沿性研究。爱奇艺创始人龚宇认为，创意性人才的缺乏是阶段性难题，很多大学生进入企业后仍需花费少则半年、多则两三年的时间才能真正融入企业之中，只有填补好校园与产业之间的缝隙，才能更好地满足市场发展对文创人才的需求。

从现实中看，高校可与文创产业中的相关领军企业或机构建立合作关系，以校内研究机构与学生社团为组织载体，为大学生提供更多的文创实习与研究基地，进一步提高文创学术研究的行业针对性与现实性，为文创人才培育与快速融入行业做好准备。

3. 营造软环境

创意团队、创意能力的培养和发展需要一种适合其成长的氛围，需要一种环境和组织。[8] 创造力是当代文创人才的核心特征，决定了其成长环境需要兼具开放性与独立性的特点。对于创意型工作者或创意团队而言，不仅需要独立的空间进行思考和工作，也需要开放的空间促进交流，具有弹性的外部环境能够强有力地激发个体创造力。创意型工作具有个性化、不可预测性等特点，需要简单直接的人际关系和尊重包容的工作氛围，前者可以剔除人际交往中的复杂想法，避免不必要的冲突，提倡思想上的碰撞，后者提供了更大的容错空间与更多的试错机会，为好创意的诞生与落地提供必要条件，并为文创人才带来成就感，更好地鼓励探索精神。关茶品牌创始人小关认为，创意能力是人人皆有的天赋，包容的社会环境更易激发个体创造力。

文创人才培养需要良好的政策软环境。澳门中华文化交流协会理事长崔世平在推动澳门文创产业发展过程中总结出一套行之有效的做法，为澳门文创人才成长创造了良好的软环境，他认为，加大版权保护力度、鼓励市场化运作、推出优惠税制等适宜的外部环境是推动文创产业发展的必要条件，也是培养当代文创产业领军人才的重要基础。

营造有利于文创人才的成长环境，需要学校与社会的协同努力。高校应为大学生提供更多创意竞赛活动、创意思维训练等机会和平台，在校园内形成一种鼓励个性、倡导创新的氛围。在社会上，可以通过打造不同主题、不同类型的创意城市与创意生活圈，提供适宜当代文创人才发展的配套设施及支持政策，满足其物质层面与精神层面的需求，形成积极健康的人才成长氛围，持续激发创新能力。

4. 培育跨界人

文创产业具有综合性与交叉性的特点，不仅涉及文化、技术、艺术，还包括商业运营、组织管理等内容，这就要求文创人才需要成为有人文内涵、懂科学技术、了解商业模式的复合型人才，才能够满足未来经济发展与转型的需求。清华物理系校友郝景芳凭借科幻小说《北京折叠》获得第74届雨果奖之后，积极保持读书和写作习惯，与此同时，创办了童行学院，将自己对于现实的观察以及世界的认知投射到未来教育领域，将跨界变为一种常态。

所谓跨界，不仅包括狭义理解中的文科与理科跨界，更需要强调广义概念中的行业跨界。对于前者，应充分发挥大学校园中多学科发展、多学科融合的优势，让大学生在科技与人文并重的环境中全面成长，掌握文化的生产、创造和传播的基础知识与能力。对于后者，需要鼓励文创人才切实培养跨界意识与冒险精神，能够具有开创探索性新领域的能力。

文创人才的培养对中国未来发展具有战略意义，要以培养大批既有文化使命感又有文化创造力的青年文创人才为目标，要用专业眼光认识与掌握青年文创人才的成长要求，要下大气力聚集社会合力为培育文创人才营造适宜环境。这样的人才既有民族文化自信又有全球文化视野，既有深厚文化底蕴又有商业与科技素养，是引领性的、复合型的人才，是能够推动中国文化进步乃至人类文明发展的人才。

1　费孝通：《中国文化的重建》. 华东师范大学出版社 . 2015 年版 . 第 35 页

2　钱穆：《中华文化十二讲》. 九州出版社 . 2016 年版 . 第 93 页

3　2017 年 3 月 9 日，国际授权业协会前主席赛丹杰到访清华大学并作了题为《全球娱乐 IP 的品牌管理与授权》的演讲，笔者主持了这次演讲，在演讲中，赛丹杰阐述了文中内容。

4　李津 . 创意产业人才素质要求与胜任力研究 [J]. 科学学与科学技术管理，2007(08):193-195.

5　安德雷亚斯·莱克维茨 . 独异性社会：现代的结构转型 . 巩婕译 . 社会科学文献出版社 . 2019 年版 . 第 3 页

6　2018 年 12 月 5 日，笔者在意大利罗马召开的“中意创新合作周”中作了题为《文创理念与全球文化传播》的演讲，谈到这个内容时，引起现场听众的热烈反应。

7　姜文学 . 创意产业与创意人才培养 [J]. 天津师范大学学报（社会科学版），2008(05):76-80.

8　金元浦 . 创意产业需要创意人才阶层 . 中国企业报，2005 年 8 月 18 日第 007 版

摄影手记

文创人的眼里，闪烁着永不磨灭的光芒

李 派

文创，是“文化”与“创意”的结合。这不仅是概念的阐释，也是文创产业的所做之事，更是文创人的独特之韵。或许前两者都可以用文字表达清楚，但后者却很难凭借文字去传达，而需要借助影像的“灵光”，让读者同文创人身上那些风浪的印记产生共振。

作为一个十年食指不离快门的影像捕捉者，我更能看见文创人那贴近内心的蛛丝马迹。

这不是我第一次拍摄文创产业从业者。近年来，文创产业的快速发展如同浪潮一般，推拥着越来越多的人和物来到闪光灯下、走到镜头前，获取各类形象照、宣传照。在那些商业合作中，几乎令人窒息的拍摄节奏要求他们必须在短时间内面对镜头展现出“正确”的样子。一次次标准的妆发、笑容和姿势，反倒却掩盖了他们身上最宝贵的个人气息。这个问题一直困扰着我，久久没能完美解决，但此次清华文创人物的采访拍摄工作，却突然给了我些灵感。

在从事摄影工作整十年的节点，我开始了“文创时代的我”拍摄项目，用整整一年的时间，拿起相机去记录清华文创校友的“真实自我”，将镜头对准他们思考或讲话的瞬间形象，立体展现人物特质，让更多有想法的年轻人看到他们真实的样子。看着他们讲述自己为之奋斗多年的事业，或是言笑晏晏，或是跌宕起伏。透过镜头，我看到了他们作为文创人和世界争分夺秒的姿态，感受到了难以名状的内心震撼。他们受益于文创时代的大势，用热忱和勤勉促成了不断进步的文创环境。

无谓“前浪”“后浪”，他们一直都是与文创产业一同向前奔涌的滔滔巨浪。

拍摄这一系列的人物，我尝试抛弃“商业拍摄”的矫揉造作之法，决定客观地记录他们的举手投足，试图将他们内心深处的东西呈现出来。这很难，也很难得——书中的十七位文创人物，每一秒都沉浸在自己领域的学术研究和管理运营，因而日常工作充斥着各项事务，很少有机会能够真正静下心来回首自己一路走来的历程，并讲述出来。我要做的，就是尽力去除周遭的嘈杂，以交流者与观察者的身份交流沟通，让他们在采访中静下来观照自己，并给观众带去些什么，知识、思考、疑虑，甚至反对也好。

书中的十七位人物，有学者——柳斌杰站在中华文化的高度阐释文创产业的核心内涵，熊澄宇始终专注于文化传播学术研究；有管理者——崔世平发起中华文化交流协会及各项国际文创赛事，高晓松带着阿里文娱滋养年轻人心中诗和远方的种子，许怡然作为“中国游戏第一人”积极推动国产游戏出海，杜鹏飞致力于引领清华艺术博物馆成为中国高校博物馆的佼佼者；还有创业者——龚宇力求将爱奇艺打造成以科技创新为驱动力的伟大娱乐公司，郝景芳获得雨果文学奖后跨界创办童行学院，马清运以创新思维融合家乡田园和现代美学创立地意田园文旅公司，童之磊带着坚定的理想创办全球最大的中文数字出版机构，许亮用自己敏锐的洞察力和执着的信念推动国产文化创意成功落地，小关开创国内第一家抹茶品牌“关茶”让中国抹茶文化重放光彩，朱峰开创星站TV挖掘短视频市场蓝海，陈兴结合现代设计手法打造出深刻阐释民族文化的独立时装品牌，于仁国以不灭的创业激情将阿狸、罗小黑等多个动画形象打造成国产经典IP，王旭跨界搭建出首个文旅产业SMART交互平台，王雷结合空间与艺术潜心搭建“77文创”等多个特色文创园区。

他们对于自己从事领域的文化、技术和发展方向都有着自己独到的理解，无论学者、管理者还是创业者，他们的言谈举止让我看到：成功具有多样性，但成功的人却有一些共同的特质。

对待工作，他们不苟言笑，每个细节都力求准确客观。针对某些采访问题，时不时还会陷入短暂的思考。随着大众“幸福点”的不断提高，引起大众兴奋点的更新迭代速度成指数级地增长，往往都是某一个爆点刚追上，下一个爆款已经出了，一夜变天。消费者渴求一个又一个新鲜的幸福点来填充自己为数不多的闲暇，这些文创人渐渐在海量的信息中不断摸索，从学术理论、管理统筹、创意转化等全方位地研究文化创意生长的方向并引导大众享受更好更新的文化内容，展现文化创意的力量。

文创产业总是充满变化，学术研究与商场驰骋都要紧跟时代的步伐，时刻洞察市场、揣摩大众心理的能力成为他们的立身之本，这种行业特性要求他们永远不能停下脚步。面对市场，几位受访者坦言自己曾经遭遇过滑铁卢，焦虑和挑战是常态，每每谈到此处，他们的眼中总会流露出一丝惆怅。

难得的是，在这个寻求新鲜感的行业里，他们从来没有因为市场热潮而转向跟风，而是在自己真正热爱的领域里跨界、创新、拓展。随着事业的发展，他们不断丰富自己的身份，最终呈现给我们的，不仅是单一产品，更是一种态度，一种成长路径，一种生活方式。

他们纯粹，纯粹到将情感赋予自己的事业之中，把对于专业的执念融入到了创业之路上，用一往无前的激情感染所有的人。借用中文在线董事长童之磊的话，“为人类进步而奋斗”，这就是他们共同的方向。

不是这个时代成就了他们，亦不是他们造就了这个时代，他们的成功是时代发展与个人品质的耦合。他们满怀理想，有着饱含激情的闯劲儿，而又理性地观察着市场变化的风向，随着市场变化而蜕变，奋力向着天空生长，积极面对任何坎坷，一点一滴维护自己心中的理想。

不少人在这种高强度的压力中败下阵来，有可能因为资源的缺乏，也有可能是对现实的怀疑，而不得已向困境妥协。而一旦降低了对自己的要求、对产品的标准，便意味着踏进了难以挣脱的旋涡，再也无力应对这快速变化的市场。文中的他们，正是因为顶住了一次次残酷的洗礼，才获得了成功的入场券。

尽管拥有某些共同的特质，但他们却都没有对自己希望的“理想状态”做出清晰的定义。他们一直都在奔跑，永不停歇的自我学习、自我对抗、自我革新，练就了他们破当下、驭未来的勇气与锐气。

亲爱的读者，当你翻阅到书中的人物照片时，不妨细细品味一番。看看是否在他们那炽热而坚毅的目光中，发现自己心中那一团不灭的圣火。